Die Vorsokratiker
Eine Einführung

Carl-Friedrich Geyer

Die Vorsokratiker
Eine Einführung

PANORAMA

Genehmigte Lizenzausgabe Panorama Verlag, Wiesbaden

Umschlaggestaltung: Helmut Schaffer
Titelfoto: AKG Berlin
Satz: GGP Media GmbH, Pößneck
Druck: GGP Media GmbH, Pößneck
Printed in Germany
ISBN 3-926642-65-3

Inhalt

Vorwort

Die vorliegende Einführung geht auf mehrere Lehrveranstaltungen des Autors im philosophischen Grundstudium zurück; sie ist also für Studienanfänger gedacht und möchte in komprimierter Weise möglichst viel Information bieten. Sie ist daher ein Arbeitsbuch ohne weitere literarische Ambitionen. Zugleich soll deutlich werden, daß es ein mehr als nur archivarisches Interesse an den Anfängen der Philosophie, die ja auch die Anfänge der Wissenschaften überhaupt sind, gibt. Dazu ist es notwendig zu zeigen, wie und aus welchen unterschiedlichen Perspektiven sich eine solche Aufnahme gegenwärtig vollzieht. Das schließt, wie im dritten Kapitel zumindest ansatzweise geleistet, die Diskussion einiger prinzipieller Fragen ein, die auch heute noch die Selbstplazierung der Philosophie im Zusammenspiel der Wissenschaften betreffen. In den *rein informativen* Teilen soll der Umgang mit den einschlägigen Quellen eingeübt und dem Leser vor allem die neuere Forschungsliteratur nahegebracht werden. Daß dies nicht ohne eine im einzelnen vorzunehmende subjektive Gewichtung möglich ist, dürfte selbstverständlich sein. Die *Sophistik*, die in gewissem Sinne ebenfalls zur vorsokratischen Philosophie zählt, kann hier ausgespart bleiben, da für sie in der Reihe »Zur Einführung« des Verlages ein eigener Band neu erschienen ist. Unumgänglich war schon aus Gründen des Umfangs die Beschränkung auf die vorsokratischen *Philosophen* im engeren Sinne. Dennoch enthalten die Kurzmonographien im Kapitel »Gestalten« mehr als nur das »enzyklopädische Stichwort«.

Ich widme diesen Band meinen Hörern an der Privaten Universität Witten-Herdecke.

Bochum, den 1. Juli 1995 *Carl-Friedrich Geyer*

1. Historische Annäherung und vorbereitende Reflexion

In seiner eindrucksvollen Studie über die athenische Demokratie hat der Althistoriker Christian Meyer [1] gezeigt, von welch zufälligen Konstellationen zur Zeit des Themistokles, Perikles und Sokrates jene Entwicklung abhängig war, an deren Ende die erste Demokratie der Weltgeschichte steht. Zwar ist der Weg zu dieser Demokratie ein Weg zur Höhe, aber er führt über Verblendung und Verbrechen – und erst zuletzt *auch* zur Vernunft. Der Weg selbst belehrt über die Brüchigkeit des Ziels, das keine endgültig feststehende Errungenschaft ist. In der Zufälligkeit der Faktoren, denen es sich verdankt, hat es beständig die eigene Angefochtenheit vor Augen: Die großen historischen Errungenschaften sind jederzeit umkehrbar. Vergleichbares läßt sich im Hinblick auf die Geburt der Philosophie im antiken Griechenland feststellen; sie ist, wenn man so will, die andere große Leistung der hellenischen Kultur neben der athenischen Demokratie. Die Philosophie hat ihren Ursprung nicht in Athen; sie griff vom Westen wie vom Osten auf die attische Halbinsel über, um im Athen der perikleischen Zeit, zur Geburtsstunde der Demokratie, in Sokrates gespiegelt und gebündelt und so gleichsam neugegründet zu werden. Von dieser Neugründung her datiert die Vorläuferschaft der philosophischen Anfänge, die ihnen den Namen der *Vor*sokratik eintrug.

Der Ursprung der Philosophie liegt in den griechischen Kolonien an der kleinasiatischen Westküste, vor allem in Milet, aber auch in Samos, Ephesos, Klazomenai, Thrakien (Abdera) und in den griechisch besiedelten Gebieten Süditaliens und Siziliens, Elea und Akragas, die Heimatstädte des Zenon, Parmenides und Empedokles. In dem Zeitraum, den es hier zu betrachten gilt, waren diese Kolonisations- und Handelsstädte Athen, dem nachmaligen frühen Zentrum des Okzidents, in nahezu jeder Hinsicht überlegen. Die kleine Stadt an der Ägäis, die dann der persischen Weltmacht die Herrschaft über Europa verwehrte und die erste Demokratie der Weltgeschichte hervorbrachte, war im 6. vorchristlichen Jahrhundert, in der Blütezeit einer auf Seefahrt und Handel gegründeten Stadt wie Milet, nach heutigen Kategorien ein eher unscheinbares Dorf. Daß es später die kulturellen Errungenschaften der einstigen Handelsmetropolen aufsog und sich anverwandelte – bereits Anaxagoras und Demokrit suchten, wenngleich mit wechselndem Erfolg, ihr Glück in Athen –, hat auch eine Transformation der Resultate des intellektuellen Aufbruchs im 6. Jahrhundert zur Folge, die sich in einen unmittelbaren Zusammenhang mit der Errungenschaft der Demokratie bringen läßt. Diese war übrigens – schon Aristoteles kann dafür als Kronzeuge zitiert werden – nicht von Dauer.

Die Philosophiegeschichtsschreibung spricht bereits im Hinblick auf die Sophistik, vor allem aber in bezug auf Sokrates von einer Wendung hin zum Menschen, zum einzelnen wie zur Gesellschaft (die politische Dimension der Sophistik): Man denke an die Entdeckung dessen, was bei Sokrates »daimónion« heißt und was wir Gewissen nennen, jener inneren Stimme, die uns nie gebietet, was wir tun, aber immer das, was wir nicht tun sollen. In diesen Zusammenhang gehört auch der Ausspruch des Sokrates, sein Platz sei bei den Menschen in der Polis und nicht draußen auf dem Lande bei den Bäumen, von denen es nichts zu lernen gebe. Dieser Ausspruch illustriert deutlich die Distanzierung von jenem *Objektivismus*, den man als das herausragende Merkmal der Vorsokratik – wobei einzelne Abweichungen das allgemeine Bild bestätigen – bezeichnen darf. Nicht zufällig begann die Vorsokratik in Milet als Naturphilosophie. Auch diese kurzgefaßte Geschichte der vorsokratischen Philosophie wird zu diskutieren haben, inwieweit dieser Objektivismus, der seinen sinnfälligen Ausdruck in der Einheit von Philosophie und Wissenschaft findet, nicht doch prägend geblieben ist.

Wenn für die historische Betrachtung der Vorsokratik ein Problem darin liegt zu unterscheiden, was jeweils *Philosophie* und was (wenn auch nur anfanghafte) Wissenschaft, was also in gewisser Weise bleibende Errungenschaft und was lediglich *revidierbare Hypothese bis auf weiteres* ist, und wenn daher jeweils im Einzelfall zu klären bleibt, ob dieser oder jener Aspekt der milesischen Naturphilosophie nicht vielmehr *Wissenschaft* mit all ihren Entwicklungsmöglichkeiten, Irrtümern und Risiken ist, wird ein Problem benannt, das, wie im dritten Kapitel näher gezeigt werden soll, bis heute fruchtbar geblieben ist. Die frühe, im Sinne eines historischen Apriori konstitutive Einheit von Philosophie und Wissenschaft wirkt bis heute als eine beständige Herausforderung, etwa im Sinne der Frage: Ist Philosophie Meta- oder Proto-Physik?

Noch vor der historischen Wißbegierde danach, wie es denn am Anfang gewesen sei, stößt die Beschäftigung mit der vorsokratischen Philosophie auf die Frage, was denn Philosophie eigentlich sei: die Introspektive, die Sokrates stark gemacht hat und die auch der Platonische Idealismus nicht überdecken konnte (die subjektiven Konnotationen der Platonischen *Idee* sind zu offensichtlich), oder jene Ebene des Objektiven, die in der »theóría« als eine zeitlose Vorgegebenheit angeschaut wird. Ihr galt bereits die nostalgische Sehnsucht des Aristoteles[2], der schrieb:

»Daß diese Tätigkeit theoretischer oder betrachtender Art ist, haben wir bereits gesagt. Man sieht aber auch, daß das sowohl mit unseren früheren

Ausführungen wie mit der Wahrheit übereinstimmt. Denn zunächst ist diese die vornehmste. Der Verstand oder die Vernunft ist nämlich das Vornehmste in uns, und die Objekte der Vernunft sind wieder die vornehmsten im ganzen Feld der Erkenntnis [...]. Und in der Tat bietet das Studium der Weisheit Genüsse von wunderbarer Reinheit und Beständigkeit, selbstverständlich ist aber der Genuß noch größer, wenn man schon weiß, als wenn man erst sucht [...]. So wird also die Weisheit Geist und Wissenschaft sein und als Haupt der Wissenschaften die ehrwürdigsten Gegenstände haben. Es ist nämlich unsinnig, wenn einer meint, die politische Wissenschaft oder die Klugheit sei die beste Wissenschaft. Denn der Mensch ist nicht das Beste, das es im Kosmos gibt.«[3]

Dieser Satz, der nicht Sokrates, wohl aber die strenge Scheidung zwischen Vorsokratik und Sokratik revidiert, spannt einen theoriegeschichtlichen Rahmen, der seinen vorläufigen Gipfelpunkt in der vor einigen Jahrzehnten geführten Debatte um die Differenzen zwischen traditioneller und kritischer Theorie gefunden hat. Neuzeitliche Technik und Wissenschaft, wie sie gegenwärtig kosmische Dimensionen angenommen haben, gehen ja – was vielfach nicht wahrgenommen wird – in ihrem Ursprung auf die alteuropäische Hochschätzung der theoretischen, dem unmittelbaren Nutzen abgewandten Tätigkeit zurück, die uns zuerst im Denken der Griechen begegnet und die in der Anekdote von dem die Sterne betrachtenden und dabei in einen Brunnen fallenden Thales und der lachenden Magd ihren ersten frühen Ausdruck gefunden hat. Diesem Denken – und eine andere Anekdote von dem zu Reichtum kommenden Thales, der alle Ölpressen angemietet hatte, um eine vorausberechnete Ernte bewältigen zu können, spiegelt den gleichen Sachverhalt auf ihre Weise – war die Indienstnahme von Theorie unter Gesichtspunkten eines unmittelbaren Nutzens unvereinbar mit dem, was sie, die Schau der unwandelbaren Ideen, des Seins oder der ewigen Kreisläufe des Kosmos, eigentlich beabsichtigte: Theorie als das höchste Glück des Menschen. Der Mensch, der sich dieser betrachtenden Tätigkeit hingibt, wendet sich nicht dem Zeitlichen und Vergänglichen oder Zufälligen zu, sondern dem Ewigen, der Zeit Enthobenen und Wesentlichen. Theorie war betrachtende, auf das *Wesen*, den Kern der Dinge, gerichtete Tätigkeit, während die moderne »Kritische Theorie« genau diesen Aspekt negierte.[4] Wäre die Vorsokratik vor diesem Hintergrund mit ihrer Maßstäblichkeit nicht der bleibende Anwalt sogenannter traditioneller Theorie bis hin zu ihrer »Wissenschaftsförmigkeit«, und wäre ihr sogenanntes aufklärerisches Potential (Xenophanes, aber auch die Atomistik) von hier aus nicht neu und anders zu bewerten? In der Debatte um die Differenz von traditioneller und kritischer Theorie, die hier nur angedeutet werden kann[5], ist die Vorsokratik, und zwar nicht nur über die »Brücke« Aristoteles, sicherlich mehr als nur am Rande präsent: Man denke nur an die Bedeutung des Thales für eine – freilich objektivistische – vermeintliche »Urgeschichte von Theorie«. Um jedoch in dergleichen Debatten einzugreifen, ist zunächst eine andere Objektivität in den Blick zu nehmen, jene der historischen Faktizität.

Um 500 v. Chr. endete das, was die Historiker das archaische Zeitalter nennen. Es war vor allem durch den allmählichen Anstieg der hellenischen Zivilisation und die Entwicklung der *Polis* gekennzeichnet. Parallel zu dieser Entwicklung fand ein Bevölkerungswachstum statt, so daß auch der relative Aufschwung der Landwirtschaft den gewachsenen Bedarf an Nahrungsmitteln nicht mehr decken konnte. Manche Dörfer dehnten sich so stark aus, daß sie Keimzellen der späteren Stadtstaaten wurden, während sich Griechen zunehmend aufs Meer hinaus wagten und Handel bzw. Piraterie trieben. So spricht noch Homer (ca. 750 v. Chr.) von Seehändlern immer als Phöniziern, Hesiod (ca. 700 v. Chr.) kennt bereits Griechen, die die Meere befahren. Die Phönizier, die schon im 8. Jahrhundert auf der Suche nach geeigneten

Plätzen für Neugründungen im Westen des Mittelmeergebietes waren – das bekannteste Beispiel einer solchen Neugründung ist Karthago in Nordafrika, das wahrscheinlich um 800 v. Chr. von Tyros aus besiedelt wurde –, wurden den Griechen nunmehr auch in der Kolonisation zu Vorbildern: Die meisten griechischen Kolonien wurden an den Küsten des Schwarzen Meeres sowie in Sizilien und Süditalien gegründet (Syrakus, Neapel, Tarent, Paestum). Diese Kolonien (»apoikíai«) stellten keine Eroberungen dar, sondern waren neue, unabhängige Städte, durch kulturelle und religiöse Zusammenhänge eng mit der Mutterstadt verbunden. Diese kolonisatorischen Veränderungen brachten auch erhebliche Neuerungen auf kulturellem Gebiet mit sich, die die neu entstehenden Städte den Mutterstädten rasch überlegen machten: Es bildeten sich mehr und mehr die klassischen griechischen Gesellschaftsstrukturen heraus, die dann in der Polis – im Gegensatz zum Territorialstaat – die vorbildlichste menschliche Existenzweise sahen. Innerhalb dieses Prozesses wurden die Grundlagen für die griechische Bildhauerkunst und Literatur und damit für die griechische Philosophie geschaffen. Die ältesten überlieferten hellenischen Schriftzeugnisse gehören bereits in den Bereich der Literatur, wobei die gebundene Rede dieser ältesten Texte auf den Umstand verweist, daß sich diese nicht primär an Leser, sondern an Zuhörer wandten. Zu nennen sind hier vor allem die Epen Homers und Hesiods, aber auch politische Texte (Solon) und die frühesten Zeugnisse einer rationalen Welterklärung der Ionier (Thales, Anaximander). Im 7. vorchristlichen Jahrhundert entstand in Ionien, also an der Peripherie der orientalischen Welt, sowie in den griechischen Kolonien in Süditalien und Sizilien die griechische Naturphilosophie, Keimzelle der abendländischen Wissenschaft. Genau genommen ist jedoch bereits diese früheste Phase der Philosophie – dies kann nicht oft genug betont werden – eine Spätzeit und stellt – will man lineare

Geschichtskonzeptionen unterstellen oder nicht – in gewisser Weise einen Abstieg dar. Zwar beginnt die Philosophie – so die Handbücher – mit Thales und Anaximander, aber ihre wirklichen Ursprünge liegen im dunkeln.[6] Wenn der platonische Sokrates von der »Liebe zur Weisheit« (»philosophía«) spricht, setzt dies die Existenz einer ursprünglichen Weisheit voraus, die man nicht mehr besitzt – sei es, weil man sie verloren oder doch sich von ihr entfernt hat, sei es, daß sich das »Projekt Weisheit« als nicht durchführbar erwies.[7] Platon, der seiner »Kunstfigur Sokrates« das Wort von der »Liebe zur Weisheit« in den Mund legt, schaut gleichsam sehnsuchtsvoll auf etwas längst Verlorenes zurück, für das er in seinen Dialogen nur einen dürftigen Ersatz schaffen kann. Alle spätere Philosophie ist die Fortsetzung und Weiterentwicklung jener literarischen Form der Weisheitssehnsucht, die Platon eingeführt hat. Sie ist zugleich die Trennwand zwischen uns und dem, was man »Weisheit« nennen mag.

Was wir unter Philosophie verstehen, ist aber nicht nur eine solche Trennwand oder Mauer. Ihre bei Platon *neue* und durch alle Epochen und Schulen, Moden und Methoden der Philosophie erneuerte Fassung[8] ist zugleich ein Filter, der die Erkenntnis dessen, was vorherging, bedingt. Die mündliche Tradition der Weisheit, schon für Platon kaum noch wahrnehmbar, ist

»für unsere Augen durch die Einführung der philosophischen Literatur geradezu entstellt [...]. Andererseits bleibt es weitgehend ungewiß, über welchen Zeitraum sich diese Epoche der Weisheit erstreckt: zu ihr gehört die sogenannte vorsokratische Zeit, also das sechste und fünfte Jahrhundert v. Chr., aber der fernere Ursprung entzieht sich unserem Blick. Man muß auf die älteste Tradition der griechischen Dichtung und Religion zurückgehen, wobei aber die Deutung der Befunde nur philosophisch sein kann. Es muß sich, und sei es auch bloß hypothetisch, eine Interpretation von der Art abzeichnen, wie Nietzsche sie vorgeschlagen hat, um den Ursprung der Tragödie zu erklären.«[9]

So setzt das dritte Kapitel dieses Buches, das nach dem Gegenwartsinteresse an dieser fernen Vergangenheit fragt, nicht zufällig mit den Deutungen Nietzsches ein.

Nach dieser vermuteten »Weisheit« und *vor* der Literarisierung der Philosophie durch Platon – Ansätze dazu finden sich allerdings schon in der Spätphase der Vorsokratik, bei Heraklit, Parmenides und vor allem bei Demokrit – wäre jene frühe Weise der Wissenschaft anzusiedeln, die eine neue Form der Analyse und der Auseinandersetzung mit der Welt, die im Verlaufe dieses Prozesses zunehmend als »kósmos« (»schöne Ordnung«) begriffen wurde, einleitete. Sie beschränkte sich auch nicht auf die Erklärung der Natur im engeren Sinne – die Suche nach den »archaí« –, sondern erweiterte sich zu einem Prozeß von Traditionskritik und Traditionsbewahrung, für den vor allem Namen wie Heraklit und Xenophanes, aber auch die in ihrer Historizität umstrittene Gestalt des Pythagoras stehen können. Bei letzterem bzw. bei seinen Schülern ging es nicht mehr nur um die Ordnung der Natur: Die Maß- und Zahlenverhältnisse und damit der »logos« (das vernünftige Weltverhältnis aufgrund einer dem Kosmos selbst immanenten Vernunft) deuten auf eine Ordnung hin, welche die Lebensverhältnisse der Menschen insgesamt, gerade auch die *politischen*, umgreift. In Tarent wurde beispielsweise im 4. Jahrhundert eine von den Pythagoreern geprägte politische Ordnung zu etablieren versucht, die durchaus Elemente der politischen Philosophie Platons vorwegnahm. Solche praktischen Bestrebungen blieben freilich Randerscheinungen.

In dem Zeitraum, von dem hier die Rede ist, läßt sich überall in der griechischen Welt ein Niedergang der Aristokratie beobachten. An ihre Stelle trat die Tyrannis. Sehr wahrscheinlich gelangte Pythagoras nur deshalb nach Süditalien, weil er auf der Flucht vor dem Tyrannen Polykrates war. Verstand man unter dem Begriff der Tyrannis anfänglich eher neutral die auf absolute Machtfülle gegründete Alleinherrschaft, so bekam das Wort schon bald einen negativen Klang, vor allem, wenn sich, wie um 655 v. Chr. in Korinth, Angehörige der Aristokratie mit Hilfe des niederen Adels oder auf die Bürger gestützt gegen einen Alleinherrscher erhoben. Es ist immer wieder darauf hingewiesen worden, daß sich in den meisten Stadtstaaten die Tyrannis nur über zwei, höchstens über drei Generationen zu halten vermochte und regelmäßig durch oligarchische oder demokratische Staatsformen abgelöst wurde. Aristoteles' Lehre vom *Kreislauf der Verfassungen* dürfte in dieser Erfahrung ihre empirische Entsprechung haben.

Das archaische bzw. vorklassische Zeitalter, zu dessen bedeutendsten Ausprägungen die Philosophie, die wir die vorsokratische nennen, zählt, ging unter dem Ansturm der Perser seit der Mitte des 6. Jahrhunderts v. Chr. schrittweise zu Ende. In dieser Endphase lebten die meisten der im folgenden dargestellten Philosophen. Mit der Eroberung Lydiens 547 v. Chr. durch den Perserkönig Kyros errangen die Perser die Oberherrschaft über die griechischen Städte an der kleinasiatischen Westküste und setzten »Kollaborateure« aus der Aristokratie als Tyrannen ein. 499 v. Chr. versuchte die griechische Bevölkerung Kleinasiens diese zu vertreiben und die persische Oberherrschaft abzuschütteln. In den Jahren 495/94 v. Chr. schlugen die Perser diese Aufstände nieder. Milet wurde zerstört. Erst Miltiades konnte 490 v. Chr. bei Marathon den Vormarsch der Perser nach Griechenland zum Stillstand bringen. Aus den Schlachten gegen die Perser (480 v. Chr. Salamis, 479 Platää und Mykale) ging Athen als neue griechische Führungsmacht hervor. Das klassische Zeitalter (bis ca. 335 v. Chr.) begann, das auch einen neuen Typ von Rationalität begründete.

2. Textgestalt und -überlieferung, Literatur

Unter dem Titel *Die Fragmente der Vorsokratiker* gab H. Diels 1903 eine Textsammlung heraus, die, ursprünglich als Lehrbuch für Studenten gedacht, schon sehr bald zu einem der wichtigsten Dokumente der Philosophiegeschichtsschreibung wurde.[10] Von den »Vorsokratikern« in eng umrissenem Sinne ist ebenfalls erst seit Diels die Rede. Allerdings impliziert der Begriff nicht so sehr eine zeitliche Begrenzung, wie dies in der späteren Philosophiegeschichtsschreibung der Fall ist. Bei Diels/Kranz (abgekürzt: DK) erscheinen als Vorsokratiker all jene Philosophen, die von Sokrates bzw. der platonischen Schule mehr oder weniger klar unterschieden sind, darunter durchaus auch Philosophen, die *nach* Sokrates gelebt haben. Im Unterschied zur Philosophie seit Platon – Sokrates selbst hat bekanntlich keine Schriften hinterlassen – haben wir von den sogenannten vorsokratischen Philosophen keine vollständigen Schriften in Händen, sondern einzelne Textstücke, manchmal nur einen einzelnen Satz oder ein Wort, jedenfalls Bruchstücke, »Fragmente«, die von späteren Autoren zitiert und so unbeabsichtigt überliefert wurden. Dabei ist darauf hinzuweisen, daß die antike Zitationsweise keinesfalls mit der unsrigen zu vergleichen ist. Es sind vielmehr meist referierende Hinweise bzw. Assoziationen, die mit dem Namen eines bestimmten Philosophen in Zusammenhang gebracht werden.

Für die antike Überlieferung ist Diogenes Laertios wichtig, der im 3. Jahrhundert n. Chr. lebte. In der ersten Hälfte des 3. Jahrhunderts verfaßte er seine *Philosóphōn bíōn kai dogmátōn synagogē* (*Leben und Lehrmeinungen der Philosophen*) [11], die vollständigste aus dem Altertum überlieferte Geschichte der antiken Philosophie von den Anfängen bis zum Neuplatonismus. Sie verfolgt unter anderem das apologetische Interesse, die Philosophie als genuine Errungenschaft der griechischen Kultur herauszustellen. Für die Darstellung der vorsokratischen Philosophie ist wichtig, daß Diogenes Laertios zwei unterschiedliche Entwicklungslinien für die griechische Philosophie annimmt: die ionische Naturphilosophie, an deren Beginn er Anaximander sieht, und die italische Richtung, die mit Pythagoras einsetzt. Noch vor diesen beiden ersten Philosophen setzt Diogenes Laertios die Sieben Weisen, die von Thales, dem Lehrer des Anaximander, angeführt werden. Diogenes Laertios, der seine Darstellung an Lehrer-Schüler-Verhältnissen orientierte, beschreibt die milesische Naturphilosophie im Sinne einer Sukzession von Anaximander und Anaximenes über Anaxagoras und Archelaos bis hin zu Sokrates, dem Schüler des Archelaos. Neben sie treten als zweite Gruppe die Pythagoreer, namentlich Empedokles, Heraklit, Xenophanes und Parmenides, dessen Schüler Zenon Lehrer des historisch nicht sicher bezeugten Atomisten Leukipp gewesen sein soll. Dessen Schüler Demokrit beschließt diese zweite Gruppe, die mit der ersten die Namen der vorsokratischen Philosophen umfaßt.

In der Fragmentensammlung von Diels/Kranz umfaßt der umfangreichere Teil B die vorsokratischen Philosophen im engeren Sinne, während Teil A frühe Dichtung und Prosa sowie die Überlieferung der Sieben Weisen enthält. Die Fragmente der frühen Philosophen von Thales bis Binon von Abdera und Bolos stammen aus dem 6. und 5. Jahrhundert v. Chr. und werden im griechischen bzw. lateinischen Original sowie in deutscher Übersetzung geboten. In einem kritischen Apparat wird auf Varianten hingewiesen. Die Anordnung der Fragmente lehnt sich an Theophrasts *physikōn dóxai* (*Die Lehren der Naturphilosophen*)[12] an. In den *Doxographi Graeci* befaßt sich Diels ausführlich mit den Quellen zur Geschichte der vorsokratischen Philosophie, wobei als Primärquelle ebenfalls Theophrasts *physikōn dóxai* benützt wird. Von ihr abhängig sind die sog. *Vetusta Placita* (vor 50 v. Chr.), Aetius (ca. 100 n. Chr.) und die Placita des Pseudo-Plutarch (um 150 n. Chr.), die ihrerseits alle in unterschiedlichen Exzerpten, Zitaten und Teilüberlieferungen vorliegen bzw. über sie erschlossen werden. Das Material reicht bis ins 3. nachchristliche Jahrhundert, d. h. bis in die Zeit der ersten christlichen Theologen (beispielsweise Hippolytos, Tertullian, Eusebios, außerdem Stobaeus aus dem 5. nachchristlichen Jahrhundert).[13] Im Mittelpunkt des Interesses dieser Einführung stehen die vorsokratischen Philosophen im engeren Sinne. Die Einzeldarstellungen beginnen entsprechend mit den ionischen Naturphilosophen, den Milesiern (Thales, Anaximenes und Anaximander); es schließen sich Pythagoras, Heraklit und die Eleaten an (Xenophanes, Parmenides, Melissos und Zenon); weitere Kapitel gelten Empedokles und Anaxagoras sowie den Atomisten (Leukipp, Demokrit von Abdera). Bei der Erörterung prinzipieller Fragen wie jener nach dem politisch-ökonomisch-kulturellen Hintergrund und nach den kontroversen Konstruktionen zur Genese der Philosophie im antiken Griechenland bleibt neben verschiedenen Einzelaspekten (z. B. Begriffswelt, Religionskritik und Aufklärung) auch die vorgängige Distanzierung von der Welt des Mythos mit einzubeziehen.

Über Diels hinausgehend existiert heute eine Vielzahl vollständigerer und zuverlässigerer Einzelausgaben der Fragmente. Daneben treten wichtige Gesamtdarstellungen. Einige seien wenigstens kurz vorgestellt. Vorrangig muß hier die von G. Colli auf elf Bände geplante neue kritische Edition der Fragmente der Vorsokratiker genannt werden, die nach der Herausgabe des dritten

Bandes (Heraklit) durch den Tod des Herausgebers unterbrochen wurde.[14] Aus literarhistorischen Gründen sind zwei Textsammlungen zu erwähnen, die in das Werk von Diels/Kranz Eingang gefunden haben: die jeweils in der Renaissance von H. Stephanus zusammengestellten Fragmente des Xenophanes sowie jene der älteren Atomisten, d.h. des Leukipp von Milet und des Demokrit von Abdera (beide zuerst: Paris 1573). Haben erstere eine besondere Bedeutung für die Religionsphilosophie – sie stehen in gewisser Weise am Beginn des philosophischen Nachdenkens über Gott –, so sind letztere für die Ausbildung des philosophischen Systemgedankens bedeutsam. Ein auf Kallimachos (gest. 240 v. Chr.) zurückgehendes Schriftenverzeichnis Demokrits enthält 69 Titel, die nicht nur als Vermittlungsversuch zwischen milesischer Naturphilosophie mit der Generalthese von der Veränderlichkeit der Natur und der eleatischen Auffassung eines unveränderlichen Seins (vor allem bei *Parmenides*) verstanden werden dürfen. Demokrits Hauptschriften, der *megas diákosmos* (von Theophrast allerdings Leukipp zugeschrieben) und der *mikrós diákosmos*, die »Große« bzw. die »Kleine Weltordnung«, sind Entwürfe einer kohärenten Erklärung bzw. philosophischen Systematik, in denen Entstehen und Vergehen aus dem Zu- und Auseinander der für sich selbst gesehen ewigen und unveränderlichen Atome erklärt werden, wobei diese Bewegungen prinzipiell ungerichtet und daher zufällig sind. Entsprechend gilt weiterhin, daß nichts, was den Sinnen erscheint, »wahrheitsgemäß« sei, »sondern lediglich der Meinung (›dóxa‹) nach; wahr sei bezüglich der seienden Dinge nur, daß es die Atome und die Leere gebe« (DK 68 B 9). Die Zurückweisung der »dóxa« als der bloßen Meinung verweist darauf, daß es ein gesichertes Wissen nur vom Unveränderlichen, Ewigen, An-sich-Seienden gibt, ein Aspekt, der bei aller Systemdifferenz auf Platon (die Idee) und Aristoteles (das Sein, sofern es *ist*) hindeutet und die konstitutive Bedeutung der Vorsokratik für ein zweieinhalbtausend Jahre währendes, mehr oder minder erfolgreiches Unterfangen, die Philosophie, vor Augen führt. Erst die Verabschiedung der abendländischen »theōría«-Tradition hat zu einem Paradigmenwechsel geführt.[15] Ein wichtiges Hilfsmittel ist auch die jüngste Monographie von S. Kirk u. a. über die vorsokratischen Philosophen.[16] In gelungener Weise vermittelt das Werk zwischen Dokumentation, Kommentar und Forschungsbericht, wobei der Hauptakzent auf dem dokumentarischen Teil liegt. Der Band ist chronologisch aufgebaut, so daß das erste Kapitel die Vorläufer der philosophischen Kosmologie – noch keine Philosophen im eigentlichen Sinne – behandelt. Neben Homer gilt das Augenmerk hier vor allem Hesiod. Die Darstellung ist durchgängig mit Quellenverweisen versehen. Allein dies macht sie zu einem unumgänglichen Arbeitsmittel für jeden, der sich mit Detailfragen beschäftigen bzw. einen an den Quellen orientierten Überblick verschaffen will. In den folgenden Kapiteln kommen ausführlich die einzelnen vorsokratischen Philosophen zu Wort. Um einen Überblick über die Anlage des Werks zu geben, soll das zweite Kapitel über Thales von Milet näher vorgestellt werden. Es umfaßt 25 Seiten. Zu Anfang wird jeweils die Datierung gegeben. So heißt es hier:

»Der früheste griechische Naturphilosoph oder der erste, der in Griechenland die Natur der Dinge insgesamt erforscht hat, ist nach traditioneller Auffassung Thales. Er sagte eine Sonnenfinsternis voraus, die im Jahr 585 v. Chr. stattfand. Er begann seine Tätigkeit daher vermutlich nicht viel früher als zu Anfang des 6. Jahrhunderts.«[17]

Es folgen Angaben zur Nationalität, zu den praktischen Tätigkeiten, zur Überlieferung über den Besuch des Thales in Ägypten, die Anekdoten über Thales als den typischen Philosophen, über seine astronomischen Aktivitäten wie die vorausgesagte

Sonnenfinsternis und seine mathematischen Entdeckungen und Schriften. All dies ist, wie auch die nachfolgenden Sachabschnitte (Kosmologie, Allbeseelung/Allbelebung), ausführlich aus den Quellen (griechisch/deutsch) belegt und kritisch kommentiert. Das Register verweist zusätzlich auf die Zählung nach Diels/Kranz. Eine vorsichtig abwägende Zusammenfassung beschließt jeweils die Kapitel; aus dem Kapitel über Thales seien zur Illustration die folgenden Sätze zitiert:

»Obwohl diese Vorstellungen direkt oder indirekt stark von mythologischen Vorgängern beeinflußt waren, gab Thales mythologische Formulierungen offenbar auf; dies allein rechtfertigt den Anspruch, daß er der erste Philosoph war, wenn auch sein Denken noch naiv war [...]. Die Welt als ganze war folglich irgendwie durchzogen (wenn auch nicht vollständig) von einer Lebenskraft, die wegen ihrer Größe und Beständigkeit natürlich göttlich genannt werden könnte. Ob er diese Lebenskraft mit Wasser verknüpfte, dem Ursprung und vielleicht dem wesentlichen Konstituenten der Welt, erfahren wir nicht.« [18]

Diese vorsichtig abwägende Betrachtungweise der Autoren, die nichts, vor allem nichts Rezeptionsgeschichtliches, in die überlieferten Fragmente hineinliest, kommt besonders gut in der im Vorwort geäußerten Auffassung zum Ausdruck, »daß ungeachtet all des Kampfgetümmels die wirklichen Fortschritte in bezug auf diese früheren Denker recht klein« [19] seien.

An älteren Monographien sind – vor allem hinsichtlich ihrer interpretatorischen Leistungen – die Arbeiten von G. Kafka [20] und W. Capelle [21] zu nennen; an ihre Seite tritt neuerdings das Lehrbuch von W. Röd [22], das ebenfalls Philologie und Interpretation gelungen vereint. An volkstümlicheren und bisweilen mit einem ironischen Unterton versehenen Darstellungen sollen schließlich noch die Arbeiten von Heuser [23] und De Creszenzo [24] nicht unerwähnt bleiben. Allerdings geht in ihnen das Eingängige vielfach auf Kosten der historischen Genauigkeit und der philosophisch-begrifflichen Gesamtdeutung. Ihr literarisches Vorbild dürfte wohl eher Wieland[25] sein.

Auf weitere einführende Literatur im Anhang sei hingewiesen. Verschafft man sich einen Überblick über die Fülle der Literatur zur Vorsokratik, dann zeigt sich schnell, wie eingeschränkt der Spielraum für eine weitere Monographie zu diesem Thema ist. Das hängt zum einen mit der Quellenlage zusammen, die nur begrenzte Interpretationsmöglichkeiten zuläßt. Zum anderen ist ein entwicklungslogisches Schema zu berücksichtigen, welches das jeweils Frühere im Lichte des Späteren wahrzunehmen und zu gewichten zwingt. Die »Frühe der Frühe«, die beispielsweise Heidegger zu entdecken glaubte, gibt es nicht. Gerade diejenigen, die uns die Vorsokratik – wie fragmentarisch auch immer – überliefert haben, waren selber Philosophen, die nicht nur überlieferten, sondern auch interpretierten, polemisierten oder selber Vorläufer suchten, wie gerade das Werk des Aristoteles zeigt. All das macht es auch erforderlich, das eine oder andere Fragment im vollen Wortlaut zu zitieren.

In den Einzeldarstellungen der vorsokratischen Philosophen wird über die Präsentation der jeweils überlieferten Lehre sowie der philologischen Probleme im Zusammenhang mit der Überlieferung der einzelnen Fragmente hinaus versucht, jeweils ein im Anschluß an den betreffenden Philosophen sich aufdrängendes philosophisches Problem zu diskutieren, um auf diese Weise Kontinuität und Aktualität der Vorsokratik sichtbar zu machen. Das ist bei Anaximander beispielsweise die Frage nach der Möglichkeit von Philosophie als Prinzipienwissen einerseits und dem wissenschaftlichen Wissen andererseits, bei Xenophanes das Problem einer philosophischen Theologie, bei Pythagoras schließlich die Frage nach spezifisch philosophischen Lebensformen. Der Atomismus eines Leukipp und Demokrit legt es dagegen nahe, einen Brückenschlag zwischen antikem und modernem Weltbild zu versuchen.

3. Das Interesse an den Anfängen als Gegenwartsinteresse

Sich auf die Vorsokratiker zu beziehen kann nur für den oberflächlichen Blick bedeuten, sich auf auch heute noch bedeutsame philosophische Inhalte zu besinnen. Eher wäre beispielsweise nach den Bedingungen zu fragen, unter denen Philosophie in einer bestimmten historischen Gestalt wie in einem emphatischen Sinne möglich wurde, und ob diese Bedingungen solche sind, die alles weitere Philosophieren begleiten. Deshalb wäre eine Einführung problematisch, die bloß referiert, was als widerlegt gelten muß. Ob damit freilich das Interesse ausschließlich auf das Persönliche als das »ewig Unwiderlegbare«, wie F. Nietzsche[26] betont hat, zu richten ist, läßt sich erst entscheiden, wenn das Entstehen dieser bestimmten, nämlich der philosophischen Perspektive aus sich selbst heraus einsichtig wird.

Nietzsche selber kontrastiert idealtypisch »Heilige« und »Weise«, wobei der letztere nicht zufällig »eine deutliche und unvergeßliche Linie am Bilde des Hellenischen«[27] darstelle. Sie erschließt sich nur über die Kenntnis eben jener Kultur, deren Exponent die archetypische Gestalt des Philosophen ist.

»Es gibt eine stählerne Nothwendigkeit, die den Philosophen an eine wahre Kultur fesselt: aber wie, wenn diese Kultur nicht vorhanden ist? Dann ist der Philosoph ein unberechenbarer und darum Schrecken einflößender Komet, während er im guten Falle als ein Hauptgestirn im Sonnensystem der Kultur leuchtet. Deshalb rechtfertigen die Griechen den Philosophen, weil er allein bei ihnen kein Komet ist.«[28]

Es liegt auf der Hand, daß Nietzsche hier ebenso von sich wie von der uranfänglichen und darum in Einklang mit ihren Entstehungsbedingungen stehenden authentischen Philosophie spricht, eine Ineinssetzung, die seither den Rekurs auf ein von der abendländischen, d.h. vor allem platonischen Philosophie angeblich verstelltes, ursprüngliches Denken begleitet hat. Zu erinnern wäre in diesem Zusammenhang beispielsweise an M. Heidegger [29] oder an E. Severino [30].

Die Anfänge des abendländischen Rationalisierungsprozesses werden gewöhnlich im antiken Griechenland lokalisiert, vor allem in dem sich hier nach allgemeiner Überzeugung abzeichnenden Übergang »vom Mythos zum Logos«. Aber schon die staatenbegründenden Mythen der altorientalischen Gesellschaften verraten den Geist der Regelhaftigkeit, Verläßlichkeit und Berechenbarkeit, wie er die sogenannten Frühformen des rationalen Elements menschlicher Selbstvergewisserung und Weltdeutung bestimmt. Ähnliches gilt für das religiöse Leben, das sich gerade in der altorientalischen Sphäre durch starke Rationalisierungsschübe ausweist. Sprechen wir von Rationalität, so assoziieren wir vielfach auch eine Radikalität, die als Distanzierung von der Welt der Götter überhaupt (miß-)verstanden wird. In dieser Ambivalenz steht auch das Diktum des Thales von Milet, alles sei voll von Göttern (vgl. DK 11 A 22). Dies kann ebenso eine Rückbindung der nun einsetzenden rationalen – d.h. in diesem frühen Stadium: physikalischen – Weltbetrachtung an ein diffus vorrational Transzendentes wie auch dessen Verabschiedung sein: Wenn alles ohnehin voll von Göttern ist, ist nicht die Hinwendung zu ihnen vorrangig, sondern die Untersuchung jener Natur, die, abzüglich dieser Götter, der menschlichen Verfügungsgewalt überantwortet wird. Erkennt man den Mythos an der Lust am Konkreten, am Narrativen, so das rationale Weltverhalten an der Abstraktion, am Prinzipiendenken überhaupt.

Europäisch beginnt rationales Weltverhalten mit der Frage nach den letzten Gründen, Ursachen und Prinzipien, den »archaí«. Die Entwicklung der Rationalität läßt sich als Prozeß fortschreitender Abstraktion bzw. Distanzierung vom Mythos beschreiben. Im Unterschied zu den eher »primitiv« anmutenden Identifikationen des Uranfänglichen mit den in der Natur vorgefundenen Stoffen spricht schon Anaximander (ca. 560 v. Chr.) von einem Grenzenlosen, dem »ápeiron« (vgl. DK 12 A 11, B 12), das zu unterschiedlichen Deutungen Anlaß gibt: Denkt man an ein *räumlich* Grenzenloses, dann stellt sich die Frage nach der unter Umständen unendlichen Ausdehnung des Urstoffes, assoziiert man dagegen eine Aufhebung aller qualitativen Unterschiede im Sinne einer qualitätslosen Urmaterie, so bleibt das Problem der nachfolgenden Entwicklung, von der her sich Vielheit und Andersheit begründen lassen. Dies leitet von der Kosmologie und Naturlehre zu einer weiteren Fragestellung über, die der Relation von Denken/Erkennen und Sein, mithin der Beziehungen, die zwischen dem Erkennenden und dem Erkannten herrschen und die bei Parmenides (ca. 500 v. Chr.) die Fesseln des Mythos noch nicht ganz abgestreift haben:

»Denn so wie zu jeder Zeit [einer] hat die Mischung der vielirrenden Körperglieder, so auch wird das Erkennen den Menschen zuteil. Denn dasselbe, was sie denkt, ist sie für die Menschen: die ursprüngliche Beschaffenheit der Glieder, für alle und jeden. Deren Fülle nämlich ist Erkenntnis [...]. In dieser Weise also sind der Meinung nach die Dinge um uns entstanden und sind sie auch jetzt und werden sie künftig, nachdem sie sich voll entwickelt haben, ein Ende nehmen. Die Menschen aber haben diesen Dingen einen Namen, für jedes einen bezeichnenden, beigelegt.«[31]

Bis heute ist die Vorstellung vom Rationalen als einem Geistigen prägend geblieben. Auch diesen Blick auf die Welt verdanken wir den Vorsokratikern. Anaxagoras (ca. 500-430 v. Chr.) sucht das

Problem von Einheit und Vielheit dadurch zu lösen, daß er die Vorstellung von einer »archē« zugunsten der Idee aufgibt, es gebe so viele Arten, wie sich einfache Stoffe in den Dingen finden, die bei fortschreitender Teilung immer wieder in gleichartige Bestandteile zerfielen. Im Unterschied zu den frühgriechischen Lehren von den »archaí« kennt Anaxagoras keine Elemente mehr, die sich auf sinnlich Vorstellbares beziehen, wie Luft, Wasser, Feuer, Warmes und Kaltes. Es entsteht das Wissen darum, daß dasjenige, was alle Dinge bewirkt und ermöglicht, nicht selber stofflich, d.h. ein Ding sein kann.

»Der Geist ist etwas, das unbeschränkt und selbstherrlich ist, und er ist mit keiner Sache in Mischung verbunden, sondern er ist als einziger an und für sich. Denn wenn er nicht an und für sich wäre, sondern mit irgend etwas anderem in Mischung verbunden, hätte er, falls er mit irgend etwas in Mischung verbunden wäre, an allen Sachen teil. Denn in jedem ist ein Anteil von jedem [...].«[32]

Anaxagoras löst diese Forderung selbst noch nicht ein: Er zieht den Geist (»nous«) selbst nicht zur Erklärung der Natur heran, sondern greift auf die Vielheit der Stoffe zurück, wie der platonische Sokrates kritisch bemerkt:

»Eines Tages [um 440 v. Chr.] hörte ich [Sokrates], wie jemand in einem Buch las, von Anaxagoras, wie er sagte; dabei sagte er, es sei der Geist, der die Ordnung im Kosmos herbeiführe und Grund von allem sei. Mit einer solchen Ursache war ich wirklich zufrieden; es schien mir, es sei irgendwie in Ordnung, wenn der Geist der Grund von allem sei [...]. Ich wurde aber, lieber Freund, schrecklich enttäuscht. Denn als ich selbst im Buch weiterlas, sah ich, daß der Verfasser von seinem ›Geist‹ überhaupt keinen Gebrauch machte und auch keine Zweckursachen bezüglich der Ordnung der Dinge im Kosmos heranzog, sondern Lüfte und Äthermassen und Gewässer bemühte, und anderes Unpassendes mehr.«[33]

Auch Aristoteles hat sich kritisch mit Anaxagoras auseinandergesetzt und ihm vorgeworfen, er gebrauche bei seiner »Weltbildung die Vernunft als Kunstgriff, und wenn er in Verlegenheit kommt, aus welcher Ursache denn etwas notwendig sein soll, dann zieht er ihn herbei; im übrigen aber sucht er die Ursache eher in allem anderen Entstehenden als in der Vernunft«[34].

Platon und Aristoteles sprechen von einem »wahren Sein«, einem »Sein, das ist« (»óntōs on«). Bei der Vielheit der Dinge der sinnlich wahrnehmbaren Welt ist unabdingbar eine einzige Urgestalt von allem zu postulieren, um so jedes Ding als das bezeichnen zu können, was es *in Wahrheit* ist. In diesem Sinne spricht Platon von der »Idee« als dem, »was dem Erkannten Wahrheit verleiht und was dem Erkennenden das Vermögen [des Erkennens] gibt [...] von der Ursache des Wissens und der Wahrheit, die wir erkennen«[35].

Damit wird das Prinzip eines jeden Rationalismus formuliert: Die Bedingungen des vielfältig Seienden müssen gleichzeitig jene des diskursiven, begrifflichen Wissens sein. Solches Wissen bleibt nicht nach Art und Weise der Fachwissenschaften bei den einzelnen, in der Empirie gegebenen Gegenständen stehen; letztere sind beim Aufstieg zum Voraussetzungslosen behilfliche Stufen, so daß die Vernunft bei ihrer Suche nach dem wahren Sein eigentlich nichts Wahrnehmbares zu Hilfe nimmt, sondern nur die Ideen selbst; sie schreitet so von Idee zu Idee und endet auch bei den Ideen.[36] Der »nous«, die Vernunft, der Verstand, die Einsicht, vermittelt zwischen vergänglicher, scheinhafter Sinnenwelt und der Welt der Ideen, weil er an beiden Anteil hat.

Die Aristotelische Kritik an den theologischen Prämissen des Platonischen Idealismus teilt die folgenden Voraussetzungen Platons, die Fundamente des alteuropäischen Rationalitätsglaubens: Es gibt eine besondere Expression der Vernunft, die »Metaphysik«, die zur Prinzipienerkenntnis befähigt; diese

Erkenntnis richtet sich auf das Sein an sich und ist deshalb »Ontologie« oder, wegen ihrer Erhabenheit, auch »Theologie«.

Aristoteles geht ebenso wie Platon davon aus, man habe in den genannten Prinzipien die Ursachen und Gründe der Dinge zu sehen. Dabei kommt bei der Erkenntnis des Allgemeinen der Erfahrung eine fundamentale Bedeutung zu: Das Allgemeine, das die menschliche Vernunft interessiert, muß im Zusammenhang mit der Erfahrung der Einzeldinge betrachtet werden, ohne doch darin aufzugehen. Im Unterschied zur Platonischen Lehre von der Wiedererinnerung (»anámnēsis«), die ein apriorisches Ideenwissen voraussetzt, erwächst für Aristoteles aus der Erinnerung der Menschen Erfahrung, »denn viele Erinnerungen an denselben Gegenstand bewirken das Vermögen einer Erfahrung, und es scheint die Erfahrung der Wissenschaft und Kunst fast ähnlich zu sein. Wissenschaft und Kunst aber gehen für die Menschen aus der Erfahrung hervor.« [37]

Aristoteles kommt damit zu einer Hierarchisierung der Wissenschaften, die den notwendigen Fachwissenschaften und ihrem eingeschränkten Objektbereich eine »erste Wissenschaft« entgegensetzt: die Betrachtung des Seienden, sofern es Seiendes ist. Sie bezieht sich weder auf die notwendigen Bedürfnisse noch auf das Angenehme des Lebens.

»So wird denn die Weisheit die genaueste der Wissenschaften sein, und der Weise soll nicht bloß wissen, was sich aus den Prinzipien ergibt, sondern er soll auch hinsichtlich der Prinzipien selbst die Wahrheit kennen. So wird also die Weisheit Geist und Wissenschaft sein und als Haupt der Wissenschaften die ehrwürdigsten Gegenstände haben. Es ist nämlich unsinnig, wenn einer meint, die politische Wissenschaft oder die Klugheit sei die beste Wissenschaft. Denn der Mensch ist nicht das Beste, das es im Kosmos gibt.« [38]

In diesem Zitat erscheint ein entscheidender Aspekt der alteuropäischen Rationalität, die sich darin als *Weltverhalten* ausweist: die *Kosmologie* als die Überzeugung von einer »schönen Ordnung«, die die Annahme entkräftet, die Welt sei zufällig entstanden. Die Ineinssetzung von rationalem Vollzug und Ordnungsdenken kündigt sich darin an, daß nunmehr, anders als im Mythos, der Kosmos ein rational gegliedertes und geordnetes Ganzes vorstellt, orientiert an zeitlosen, einheitlichen Prinzipien. Dabei will die Kosmologie nicht nur über die Entstehung und den Aufbau der Welt informieren, sondern auch Vorbilder individuellen und gesellschaftlichen Handelns vor Augen stellen. Sie schließt beispielsweise von der konkreten Polis-Gesellschaft und ihren Ordnungen auf die Kosmosordnung und umgekehrt von der vorgegebenen Kosmosordnung auf jene Ordnungen, nach denen die Menschen ihr Leben einrichten. So kann Aristoteles den Menschen in diesem Denkrahmen als einen Mikro-Kosmos bestimmen, während Platon das Ziel der Menschen in der Aufgabe erblickt, sich der universellen Kosmosharmonie anzugleichen.

Das, was im Anschluß an Aristoteles »Metaphysik« genannt wird, steht für einen Ordnungszusammenhang jenseits von Willkür und Zufall. Die Metaphysik vereint eine subjektive mit einer objektiven Ebene, sofern sie Seins- und Erkenntnisprinzipien im ursprünglichen Sinne des Wortes *symbolisiert* (»zusammenwirft«). Im Lichte so verstandener Ordnung ist von Rationalität zugleich immer als von derjenigen Instanz die Rede, die das vordergründig Unteleologische und Nonfunktionale in einen vorausgesetzten Gesamtzusammenhang integriert. Zwar kennzeichnet auch den Mythos ein solcher Gesamtzusammenhang. Doch es ist die vorsokratische Philosophie, die das Ungenügen an dem Gesamtzusammenhang der verwirrenden Systeme des Mythos theorieproduktiv verarbeitet: trotz der überwiegend distanzierenden Stellungnahmen, die sich bei Platon und Aristoteles finden.

Die eingangs zitierten Bemerkungen Nietzsches erschließen

sich, wenn man sie im Spiegel dessen liest, was dem Proto-Philosophen Thales von Milet zugeschrieben wird. Mit Thales, dem ersten namentlich erwähnten Philosophen, hebt jede Darstellung der Philosophie in Griechenland an, und vieles, was zur Kennzeichnung dieses neuen Phänomens herangezogen wird, verbindet sich mit Hinweisen auf seine Person.

Bekanntlich soll Thales als Antwort auf die Frage nach den »archaí«, den Urprinzipien von allem, auf das Wasser verwiesen haben, sei es im Sinne eines empirisch vorfindlichen Elements, sei es metaphorisch im Sinne eines »Darüber-Hinausgehenden«, für das sich dann eben nur die Kennzeichnung *philosophisch* anbietet, wobei deren Dechiffrierung die Antwort auf die Frage enthält, was es denn mit demjenigen auf sich hat, was uns hier zum ersten Male als »Philosophie« begegnet. Auf der anderen Seite scheint es dem Zeitgenossen angesichts der wissenschaftlichen Revolutionen der letzten Jahrhunderte und inmitten des sogenannten technisch-wissenschaftlichen Zeitalters vielfach nurmehr ein Achselzucken wert, daran erinnert zu werden, daß vor zweieinhalbtausend Jahren jemand den Ursprung von allem, das Ur-Element, im Wasser vermutet haben soll. An diesem Punkt nun setzt, anders als die an einer wie auch immer akzentuierten Entwicklungslogik interessierten Rationalitätskonzepte, Nietzsche ein und betont, es sei in der Tat notwendig, »hierbei stille zu stehen und ernst zu werden [.] Ja, und aus drei Gründen: erstens, weil der Satz etwas vom Ursprung der Dinge aussagt und zweitens, weil er dies ohne Bild und Fabelei thut; und endlich drittens, weil in ihm wenngleich nur im Zustande der Verpuppung der Gedanke enthalten ist: alles ist eins.«[39]

Wäre Thales beim ersten Aspekt stehengeblieben, hätte er eine zwar falsche, aber zu seiner Zeit schwer widerlegbare Hypothese aufgestellt; hätte er dagegen der reinen Metaphorik den Vorzug gegeben, wäre der Bann der mythischen Intuition noch nicht durchbrochen worden. Indem er aber beides vermieden hat, hat er Aussagen den Weg geebnet, die seither unter einem bestimmten Kriterium, dem Spezifikum der Philosophie, zu befragen sind, Grundsätzen *metaphysischer* Art oder, in den Worten Nietzsches:

»Die dürftigen und ungeordneten Beobachtungen empirischer Art, die Thales über das Vorkommen und die Verwandlungen des Wassers oder, genauer, des Feuchten, gemacht hatte, hätten am wenigsten eine solche ungeheure Verallgemeinerung erlaubt oder gar angerathen; das, was zu dieser trieb, war ein metaphysischer Glaubenssatz, der seinen Ursprung in einer mystischen Intuition hat, und dem wir bei allen Philosophien, sammt den immer erneuten Versuchen, ihn besser auszudrücken, begegnen: der Satz: ›Alles ist Eins‹. [...] Gerade an Thales kann man lernen, wie es die Philosophie, zu allen Zeiten, gemacht hat, wenn sie zu ihrem magisch anziehenden Ziele, über die Hecken der Erfahrung hinweg, hinüberwollte.«[40]

Mit Thales tritt so erstmals der dem Mythos entronnene Wille zur Totalität vor uns, ein Wille, der sich als Philosophie »gegen die Wissenschaft ebenso ab[grenzt], wie sie [sc. die Philosophie] durch das Hervorheben des Unnützen sich gegen die Klugheit abgrenzt. [...] So schaute Thales die Einheit des Seienden: und wie er sich mitteilen wollte, redete er vom Wasser.«[41]

Diese »Mitteilung« kann als ein anfängliches Ungenügen des begrifflichen Denkens interpretiert werden, ein noch mythischer Vorbehalt vor einem Ersten, das als absolut Erstes den Rekurs auf weitere Anfänge rigoros abschneidet. Die mythischen Assoziationen, die das »Wasser«, von dem Thales spricht, weckt, wären zugleich der substantielle Einspruch gegen Versuche, die Welt als ganze in rationale Schemata zu zwingen und durchgängig zu erklären, substantiell daher, weil sie eine Grenze markierten, deren Mißachtung erneut auf den Mythos zurückverwiese, insofern die

Überdetermination der Vernunft eine Einheit des Wesens hervorbringt, die die einzelnen Aspekte der Wirklichkeit nicht bloß verknüpft, sondern zur Koinzidenz zwingt.

Es bleibt fraglich, ob solch weitreichende Spekulationen, die im letzten auf die Konstitutionsbedingungen von Philosophie hier und Mythos dort zielen, den »primitiv«, im Sinne von »ursprünglich« und »einfach«, anmutenden Prinzipien der frühen ionischen Naturphilosophie gerecht werden, Prinzipien, die die Reflexion auf ihre eigenen Bedingungen ebenso vermeiden, wie sie die in sie hineingetragene Distanzierung von der Welt des Mythos nicht eigentlich zur Sprache bringen. Was sie selbst weder zur Sprache bringen noch in Reflexion überführen, delegieren sie an die Deutung, die, wie eine verschlungene Rezeptionsgeschichte zeigt, die innere Spannung des hier aufbrechenden Ganzheitsdenkens nach der einen oder der anderen Seite zu entscheiden sucht. Die Vorsokratiker sind dann entweder die Repräsentanten einer frühen Wissenschaft, die in formaler Hinsicht für alle nachfolgende wissenschaftliche Hypothesenbildung bedeutsam wurde, inhaltlich jedoch längst überwunden erscheint. Oder im anderen Falle werden ihre durch die bruchstückhafte Überlieferung ohnehin verstümmelten und in den Rang unbefragbarer Botschaften gesetzten Aussprüche in einem Späteren gespiegelt und remythisiert, ja sie erhalten eine Paradigmatik, durch die sie zu Orientierungsmarken in der Debatte um ein Zuviel oder Zuwenig an Mythos aufgewertet werden, wie es etwa im Für und Wider um die sogenannten »neuen Mythologien« gegenwärtig geschieht. In diese Diskussion hat H. Blumenberg mit der Zitation eines Thales zugeschriebenen Diktums eingegriffen, und zwar in einer Form, die den beschreibenden Satz des Thales in ein zeitloses Plädoyer für das stets gegenwärtige Bedürfnis nach Dekomplexion umbiegt.[42] Ein instruktives Beispiel für den zweideutigen Umgang mit dem frühen Prinzipiendenken ist Nietzsche selbst. Der dunkle Spruch des Anaximander (DK 12 A 9) ist von ihm nicht nur meisterhaft übersetzt worden[43]; er las ihn auch als Vorwegnahme des Pessimismus Schopenhauers, auch wenn er relativierend hinzufügt, dies »mag nicht logisch sein, ist aber jedenfalls recht menschlich«[44]; M. Heidegger dagegen stilisiert mit den Mitteln einer fragwürdigen Übersetzung, die unbesehen Eigen- und Fremdhorizont zur Deckung bringt, den Spruch des Anaximander zum Ausweis der Authentizität des eigenen Denkens, des »Mythos vom Seyn« vor aller »seinsvergessenen« (platonischen) Metaphysik.[45]

Nietzsche und Max Weber zeigen, daß zwischen in striktem Sinne philosophischen und wissenssoziologischen Argumenten im Hinblick auf die Rekonstruktion historischer Gestalten des Denkens sich nicht so einfach unterscheiden läßt, wird doch in dem Maße, in dem man sich den verengten, vermeintlich »philosophischen« Blickwinkel zu eigen macht, das immanent philosophische Argument um so fraglicher. Die wissenssoziologische Perspektive kann umgekehrt zwar die äußeren Bedingungen, die diskursive Weltverhältnisse vorbereitet haben, bis zu einem gewissen Grade durchsichtig machen. Die ausdrücklich philosophischen Probleme aber – hier wäre vor allem an die Gewichtung des Relationsgefüges von Mythos, Wissenschaft und einem Darüber-Hinausreichenden, das man »Metaphysik« oder »Theorie«/»Diskurs« nennen könnte, zu denken – sind damit allenfalls berührt, aber noch nicht entschieden. Was folgt beispielsweise für das Selbstverständnis eines bestimmten Philosophierens (und für seine Vorbildfunktion im Hinblick auf die Philosophie als genuines Medium der Selbst- und Weltdeutung) aus der Einsicht, daß »theōría« (in einem beschreibenden wie in einem emphatischen Sinne) etwas damit zu tun haben soll, daß zu einem bestimmten historischen Moment die kleinasiatische Westküste vom griechischen Mutterland aus kolonisiert wurde und dabei aus seßhaften

Polisbewohnern Seefahrer und reisefreudige Händler wurden?[46] Welchen Beitrag leistet schließlich die Rückübertragung eines materialistisch-dogmatischen Philosophiebegriffs auf die Vorsokratiker, der zwischen »dialektisch« (von Thales bis Parmenides) und »metaphysisch« (seit Parmenides) unterscheidet und fragt, aus welchen mit den Produktionsverhältnissen gegebenen Gründen es zu jener Konzeption des *Einen* bei Parmenides gekommen ist, das heißt zu den »Vorurteilen«, die dieser »bemerkenswerten Schlußfolgerung zugrunde liegen«?[47]

Daß die für den Zeitraum von 800-500 v. Chr. für die griechisch-kleinasiatische Welt erkennbaren bedeutsamen Neuerungen in unterschiedlicher Weise zum Schlüssel der Interpretation der philosophischen Anfänge werden können, steht außer Frage. Das starre Entwicklungsschema »vom Mythos zum Logos« hat sich ja als wenig tragfähig erwiesen. Selbst W. Nestle[48] sieht sich gezwungen, von einem Logos *im* Mythos und einem Mythos *im* Logos zu sprechen, also von der Zuordnung des Verstandes zur mythenbildenden Phantasie, von logischer Spekulation im Gewande des Mythos und einem erst allmählich hervortretenden Bewußtsein eines Gegensatzes, das erst durch einen kohärenten Naturbegriff möglich geworden war, der den göttlichen Charakter der Natur mit einem rationalen »Panpsychismus« vereinte.[49] Das mythische Vorstellen ist ursprünglich-bildhaft und bevorzugt die Personifikation, kennt weder Gesetzmäßigkeit noch Kausalität, während im Logos das begriffliche, kategoriale Denken im Vordergrund steht. Diese Typologie relativiert Nestle insofern, als er schon dem Mythos gewisse rationale Momente zugesteht und im Hinblick auf den Logos von einem irrationalen Rest überzeugt ist. Entsprechend wird dann das Verhältnis von Mythos und Logos präzisiert. So kommt es zu der Unterscheidung zwischen einem Übervernünftigen, das »sich in verstandesmäßige Begriffe wird fassen lassen«[50], und einem Widervernünftigen, an dem die Pseudokausalität des Mythos aufgeht; in der Auseinandersetzung mit dem letzteren bricht sich Bahn, was Nestle mit M. Weber die »Entzauberung und Entheiligung« der Welt nennt. Daß sie zu diesem bestimmten historischen Zeitpunkt ins Werk gesetzt werden konnte, führt Nestle auf eine »griechische Unbefangenheit« zurück, sich an das Unbekannte anzunähern. Diese regte durch die besonders günstigen Küstenlagen in Verbindung mit den synergetischen Effekten des Handels- und Kulturaustausches dazu an, die »Augen offenzuhalten«. Hinzu tritt – ebenfalls eine problematische Bestimmung – die besondere griechische Abstraktionsfähigkeit, die gleichwohl vor einer Verabsolutierung zurückschreckt. Der Logos bleibt eine notwendige Ergänzung zum Mythos.[51] Verklammert werden beide Gesichtspunkte durch den Transzendenz und Immanenz zusammenbindenden Naturbegriff. Kosmos und Naturordnung sind göttlich; es ist kein Gegensatz zwischen Gott, Welt und Natur denkbar, so daß »das eine mal der Verstand im Dienste der mythenbildenden Phantasie, das andere mal die Phantasie im Dienste des verständigen Denkens steht«[52]. Die von Nestle konstruierte Wechselbeziehung von Mythos und Logos führt zu einem holzschnittartigen Rekonstruktionsprinzip, das auf fragwürdigen Kategorien beruht, die die Rekonstruktion selbst nicht mehr einholen kann. Was als die Notwendigkeit einer bestimmten historischen Konstellation deutlich werden soll, läßt sich beliebig nach vorne oder nach hinten verschieben. So wirkt bei Parmenides oder in den Platonischen Ideen der Mythos im Dienste des Logos, während die Homerischen Mythen dieses Verhältnis – das als solches in beiden Fällen konstant bleibt – umkehren. Auch glaubt Nestle, ohne seine Prämissen zu verändern, zeigen zu können, daß sich schon im Homerischen Epos durch »ein tieferes Nachdenken über Götter und Menschen, Welt und Leben«[53] der Logos angekündigt habe.

Konsequenter als Nestle lokalisiert W. Schadewaldt den Beginn rationaler philosophischer Welterklärung in dem durch die »Schildbeschreibung«[54] gegebenen, vom Logos durchdrungenen Weltbild, das den Kosmos in Himmel, Erde und Unterwelt unterteilt, also vom »Augenschein« ausgeht und »das Wahrgenommene konstruktiv ergänzt«[55] und so ein mathematisch-abstraktes Grundverhältnis impliziert. Ihm entspricht im Bereich des menschlichen Lebens, zwischen Himmel und Unterwelt, die Dichotomie von Krieg (Belagerung und Ausfall) und Frieden (Hochzeit und Rechtsprechung). Jugend und Alter, Viehzucht und wilde Tiere, Arbeit und Muße, Erde und Meer, Tag und Nacht, Hektor und Paris stehen ebenfalls für Strukturgesetzlichkeiten. Aus ihnen lassen sich Kategorialität und denkerische Methodik ableiten, etwa die Dialektik, die erst nach Sokrates durch Platon zu einer definierten Methodik wird. Schließlich bedient sich Homer des Gleichnisses, »um tiefe Grundverhältnisse sichtbar zu machen«[56]. Entsprechend wird der homerische Mensch von Einsicht und Überlegung bestimmt; es überschneiden sich theoretische »Denksportübung« und praktische Ausrichtung. Symbol hierfür ist das *Trojanische Pferd*, das eine denkerische Vorleistung präfiguriert, insofern die geistige und nicht mehr die physische Stärke das Heldenideal prägt.[57] Aus all dem folgt der Primat der eigenen Beobachtung über den Mythos, etwa in der Geschichtsschreibung, bei der Deutung der Sternbilder und anderer Himmelserscheinungen, bei Tierbeschreibungen und anderen physiognomischen und geographischen Angaben. Der Griff »vor die Vorsokratik« umschließt selbstverständlich auch Hesiod, der im Proömium der *Theogonie*[58] über Homer hinausgehende, nicht nur Wahres oder Wahrscheinliches, sondern die *Wahrheit selbst* zu künden verspricht, auch wenn dieser Anspruch unter Berufung auf die Musen erhoben wird; Parmenides wird sein Lehrgedicht ebenfalls durch den Rückgriff auf die Musen legitimieren. Hesiod unterstreicht seinen Anspruch dadurch, daß er dem im Grunde zeitlosen »Es war einmal ...« Homers, d.h. der mythischen Formel, den Anfang, die »arché«, entgegensetzt: »Sagt mir, Musen, dies alles an, Olympos-Bewohner, ganz von Anfang, und sagt mir: Was wurde davon als erstes?«[59]

Von diesem Ersten her wird wie in einem menschlichen Stammbaum das Wesen und Werden der Götter bis hin zu Zeus und den Olympiern abgeleitet. Hinzugefügt wird das für den Menschen unverfügbare »Ganze«, das später die Vorsokratiker, allen voran Anaximander und Parmenides, den Kosmos nennen.

Die von Hesiod geschilderten Stadien müssen hier nicht im einzelnen dargestellt werden. Wichtig ist, daß die verschiedenen Entwicklungslinien, die allesamt dem Prinzip der Vereinigung und des Gebärens, also mythischen Vorstellungen, unterliegen, der »Díkē«, dem rationalen Prinzip der Gerechtigkeit also, verpflichtet sind.[60] Für Hesiod wird sie zum Maßstab des sittlichen Denkens und Handelns, durch das sich der Mensch vom Tier unterscheidet, »denn ein solches Gesetz erteilt den Menschen Kronion: Fische zwar sollten und wildes Getier und gefiederte Vögel einen den andern bekriegen, weil unter ihnen kein Recht ist. Aber den Menschen gab er das Recht bei weitem als bestes Gut.«[61]

Weitere Elemente einer rationalen Weltauffassung liegen in der »sophía« Hesiods, die zwar auch, wie bei Homer, die Kunstfertigkeit des Sängers und Seemanns meint, aber gerade auch im Hinblick auf Zeus, seine »Überlegenheit an Klugheit und Macht und seine Gerechtigkeit«[62], ein Wissen um »unvergängliche Ratschlüsse«, durchdacht und ins Werk gesetzt, sichtbar macht, ein Wissen, das die vermenschlichten Göttervorstellungen Homers hinter sich läßt.

Die Bedeutung der vorsokratischen Philosophen im engeren Sinne für die Ausprägung des rationalen Diskurses schrumpft in solcherart Rekonstruktionsversuchen erheblich, und die Kategorien, die hier benannt werden, scheinen ihrerseits immer weniger nachvollziehbar, so etwa, wenn unter Bezugnahme auf J. Burckhardt auf »eine höchst abnorme philosophische Begabung«[63] verwiesen wird. Ist diese Vagheit vielleicht auch Ausdruck einer Selbstbescheidung oder gar Skepsis gegenüber überzogenen, ins Reich der Geschichtsphilosophie reichenden Konstruktionsprinzipien und in ihnen beschworenen Notwendigkeiten?

Einen Weg zwischen den großen Geschichtskonstruktionen des 19. Jahrhunderts und einer Beschränkung auf das Ereignishafte und Tatsächliche beschreitet K. Jaspers in seinem Theorem von der »Achsenzeit«.[64] Die »Achse« umfaßt die Jahrhunderte von 800-200 v. Chr., jenen Zeitraum, in dem nach Jaspers die Grundgedanken für alle folgenden Kulturen gewonnen wurden. In allen zu dieser Zeit entstehenden Denkbewegungen handelt es sich »bei aller Verschiedenheit um das gleiche [...], die Grundfragen des Menschseins«[65]. Die Achse ist empirischer Tatbestand und Konstruktionsprinzip.[66] Die Bedeutsamkeit, die Jaspers auf den ersten Blick dem historisch neu Aufbrechenden zuerkennt, verschwindet jedoch nachträglich wieder in der egalisierenden Rekonstruktion. Die inhaltlichen Gesichtspunkte in den kontingenten Kulturen werden auf die Jaspersche Philosophie der »grenzenlosen Kommunikation« hin instrumentalisiert und somit mehr oder weniger gleichgültig. Die gesteigerte Bedeutung des gesamten Zeitraums nivelliert innerhalb der einzelnen Kulturen die Ereignisfolge. Das bedeutet konkret: Für die Vorsokratiker bleibt es bei dem abstrakten »Daß« des Anfangs philosophischen Denkens, ohne daß sich angeben ließe, was darunter im einzelnen vorzustellen wäre. So fällt es schwer, auf die Länge des Zeitraums von sechshundert Jahren, den die »Achse« erfaßt, einen »Erkenntnisfortschritt« zwischen Thales einerseits und der späten Stoa andererseits auszumachen. Was bleibt, ist das formale Kriterium des Philosophierens, zentriert auf eine besondere

Weise des »Selbstseins«, durch das die wissenschaftstheoretische Unterscheidung zwischen Objektivem (den historischen Tatbeständen) und Existentiellem (der in der Rekonstruktion zu erhärtenden inhaltlichen Bedeutung) unterlaufen wird. Fremd- und Eigenhorizont sind durch die Achse von vornherein ungeschieden vor uns hingestellt, so daß man von den Inhalten geradezu behaupten könnte, sie seien immer schon in Rezeption übergegangen: Doch es erweist sich als schwierig, die konkreten Stadien solcher Rezeption diesseits des Schlagworts von der »je eigenen geschichtlichen Überlieferung« zu benennen, die Einheit eines »höheren Ursprungs« und »nicht der Bestand eines Soseins«[67] ist. Die Rezeption ihrerseits wird dabei nicht als ebenso kontingenter historischer Prozeß verstanden, in dem beispielsweise durch »Umbesetzungen« Grundmuster von Rationalität sich formierten, woraus differenzierte Antworten auf identische Fragen und eine Konstanz der Motive trotz pluriformer Kontexte resultierten. Im Verhältnis dazu spricht Jaspers von der Achse als »einer Aufforderung zur grenzenlosen Kommunikation. Die anderen zu sehen und zu verstehen, hilft zur Klarheit über sich selbst, [...] zum Absprung in die Weite.«[68] Was jedoch zum Beispiel Thales zu einem solchen »Absprung« beigetragen haben soll, erfährt man nicht.

Die Konzeption einer von Umbesetzungen geprägten Rezeptionsgeschichte, von der hier in Umrissen die Rede war, geht auf die Erläuterung eines mit einem kontingenten historischen Ereignis zusammengedachten theoretischen Anspruchs aus. Das im Überlieferungszusammenhang zu Erläuternde kann eine abstrakte Aussage, etwa ein Begriff oder ein Prinzip, oder auch ein Motiv, eine Anekdote sein. All dies spielt variationenreich einen Grundgedanken durch, dessen Bedeutsamkeit mit der Dynamik dieses Spiels kongruent ist. H. Blumenberg hat den Versuch unternommen, sich in der angedeuteten Weise eines bestimmten

Überlieferungszusammenhangs des vorsokratischen Denkens anzunehmen. Dabei spinnt er um die Anekdote, nach der Thales beim nächtlichen Betrachten der Sterne in einen Brunnen gefallen, von seiner thrakischen Magd dabei beobachtet und verlacht worden sei (vgl. DK 11 A 9), eine Urgeschichte der Theorie, die »den Anfang einer Geschichte« zeigt, »die vom Gegenstand ihrer Theorie zu einer weiträumigen und alle Lebenszeiten überspannenden Anstrengung gezwungen wird, auf deren Ertrag jeder verzichten müßte, der mit seinem Arbeitsanteil zu ihrer Möglichkeit beigetragen hätte«[69]. »Ursprung« und »Anfang« dieser Geschichte ist der »theōrós«, der Weltzuschauer, der das verwirrende Zuviel auf einen einzigen Erklärungs- und Verstehensansatz reduziert. Diese Reduktion führt von der Götterfülle weg zur Generalthese von einem einzigen Element, dem Wasser. Daß dieser Weg nicht linear verläuft, d. h., daß polyzentrische Vielheit und theoriedeterminiertes Prinzipiendenken sich nicht in unbezweifelbarer Eindeutigkeit voneinander abheben, wird durch die fortdauernde Diskrepanz zwischen Betrachter (»Theoretiker«) und bloßem Zuschauer illustriert; es ist dies die unaufhebbare Spannung zwischen Theorie und Lebenswelt. Sofern diese Diskrepanz für das, was von nun an Theorie heißen wird, konstitutiv ist, steht sie für eine Ambivalenz, die nicht zuletzt an der Person des Theoretikers selbst abgelesen werden kann. Gemeint ist damit zunächst einmal die Exklusivität von Theorie, die Blumenberg gleich im ersten Satz folgendermaßen umschreibt: »Theorie ist etwas, was man nicht sieht.«[70] Gerade wenn sich Theorie nur über ein intentionalen Regeln verpflichtetes Handeln erschließt, verrät sie eine nur bedingt theorierelevante Außenseite, die in dem Maße zu rechtfertigen notwendig wird, in dem die Fremdartigkeit theoretischer Verrichtungen mit den lebensweltlichen Selbstverständlichkeiten kontrastiert. Theorie neigt dazu, durch Immunisierungsstrategien der lebensweltlichen Bewertung als eines exotischen Verhaltens zuvorzukommen — bis hin zu jenen Institutionalisierungen, die die Spätgeschichte von Theorie bestimmen.[71] Derjenige dagegen, der nicht die Welt selbst, sondern den Weltbetrachter, den Theoretiker betrachtet (und zwar im Sinne bloßen Zuschauens), kann den »Stoff« dieser »theoretischen« Beschäftigung nicht sehen und auch nicht verstehen. Es geht ihm wie der thrakischen Magd, die vielleicht vermutet haben dürfte, Zeugin eines von Thales vollzogenen geheimen Götterkultes zu sein. Das Pendant der theoretischen Beschäftigung ist der Spott. So aber setzt die mit der Anekdote von der thrakischen Magd begründete Urgeschichte von Theorie, die noch ihre Spätgeschichte bestimmt, ein Schema von einem Zuschauer erster und zweiter Ordnung frei, das – seinerseits in unterschiedlichen theorieakzentuierenden Situationen durchgespielt – noch in den entferntesten Kontexten seine Prägekraft unter Beweis stellt.

In der Urform der genannten Anekdote, einer Fabel Äsops, waren noch sowohl der Philosoph wie der Zuschauer namenlos. Es ist der Platonische Sokrates, der die Geschichte auf Thales bezieht und die hübsche und witzige Dienstmagd sagen läßt, Thales bemühe sich mit aller Kraft, Dinge am Himmel zu wissen, während ihm das, was vor den Füßen liege, verborgen bleibe. Sokrates ergänzt: »Derselbe Spott trifft all diejenigen, die sich mit der Philosophie einlassen.« Die Prägekraft der Anekdote wird von Sokrates nicht zufällig beschworen: befindet er sich doch in einer vergleichbaren Situation. Die Gefahr, in die Sokrates sich manövrieren mußte, ist – wenn auch bei genau entgegengesetzter Blickrichtung – Resultat eines an Thales orientierten Beobachtens, der Theorie also. Wandte sich dieser der »Welt an sich« zu und strauchelte, so wendet sich jener von der Naturphilosophie ab und dem Menschen zu. In der betrachtenden Hinwendung zum »Menschen an sich« vergaß Sokrates dabei den konkreten Einzelmenschen, der in Freund-Feind-Kategorien und auf dem

Hintergrund von Nützlichkeitserwägungen denkt. Die Reaktion auf das theoretische Verhalten des Thales, das harmlose Lachen der thrakischen Magd, steigert sich bei Sokrates zum Haß der Polis. Der theoretische Erfolg erregt Anstoß in der Realität der Praxis, gerade weil »die Philosophie der Praxis nicht weniger theoretisch [ist] als die Theorie der Sterne« [72]. In dem einen Fall wird das Lachen, in dem anderen der Schierlingsbecher »zum Indiz der gelungenen Konzentration auf die philosophische Thematisierung des Gegenstands« [73]. Beides instrumentiert die fundamentale Disposition von Philosophie: die bis zur Diskrepanz gesteigerte Differenz von Theorie und dem, was je nach Zusammenhang Praxis, Realität, Realismus, »intentio recta«, Lebenswelt oder Unmittelbarkeit heißen mag. Sie herrscht selbst noch dort, wo, wie bei Aristoteles, dem Theoretiker der Anschein des Praktikers zu geben versucht wird. Auch die Verbindung von »Himmelskenntnis und Erdentüchtigkeit« in der Gegenanekdote, nach der Thales eine Ölernte voraussieht, Ölpressen in Milet und Chios anmietet und so zu großem Reichtum kommt (vgl. DK 11 A 6), verändert die ursprüngliche Perspektive nicht. Nach Aristoteles verdiente Thales viel Geld und bewies damit, daß Philosophen leicht reich werden könnten, wenn sie nur wollten. Allerdings sei gerade der Reichtum nicht ihr Ziel. Der Philosoph als der Mann des zu fernen Gegenständen gekehrten Blicks macht sich vielmehr den Satz des Plinius zu eigen, nach dem Theorie sich *erweisen*, nicht etwa *lohnen* soll.

Blumenberg verfolgt die Spur der Anekdote, die hier im einzelnen nicht nachgezeichnet werden kann, über die christlich-moralisierenden Aneignungsversuche des Mittelalters, die frühe Neuzeit und die Aufklärung bis hin zur Etablierung der theoretischen Vernunft als angemessenen Verhaltens des Menschen zur Welt, wobei die Auseinandersetzung mit der Anekdote von Thales und der Magd zum Paradigma dafür wird, »wie man mit der

Geschichte der Philosophie noch einmal beginnen könnte«[74]. Es war P. Bayle, der 1697 die Anekdote in den Rang einer historischen Wahrheit erhob. Die weitere Rezeption rekurriert auf die umbesetzbare Figurenkonstellation von Theoretiker und Tadler, einmal als eine durch Theorie notwendig gewordene Weltakzeptanz und einmal als Indiz für den Verlust an Weltbezug als Preis der Metaphysik, beides ineinander verschlungen und potenziert in der *Rezeption der Rezeption*, die dann im Ridikülen einen Wesenszug von Theorie erblickt. Einerseits – Blumenberg verweist M. Heidegger – meint man nunmehr zu wissen, was Philosophie ist und warum – um im Bilde zu bleiben – Philosophen den Blick zum Himmel erheben und stürzen, wodurch sie dem Betrachter merkwürdig erscheinen und Anlaß zum Lachen geben; andererseits gilt für den Anfang, die Urgeschichte von Theorie, daß beide, Theoretiker und Tadler, nicht wissen, was sie tun: Der Philosoph versteht das Lachen nicht, und das Lachen der Thrakerin bleibt unverständlich und unverständig, weil beide noch nicht wissen, was Philosophie ist. Weiß es die Spätgeschichte? In einer Art Peripetie verschmelzen gegen Schluß beide Figuren und damit beide Topoi: Gelacht wird aus Unverständnis, aber dieses Unverständnis wird zum Symptom dafür, daß Wesentliches, Unverstehbares oder noch nicht Verstehbares geschieht.

Die Plausibilität der Lesart Blumenbergs ist von den theoriekonstitutiven Distanzierungen abhängig, für die die Anekdote über Thales im Sinne einer »Initialzündung« verantwortlich gemacht wird. Dieses »Ursprungsgeschehen« partizipiert an einer doppelten Gewißheit: an dem Ausgriff nach der Welt und an der Distanz zu ihr, so daß noch die abstrakteste Reflexion welthaltig ist, wie umgekehrt noch die welthaltigste Erfahrung dahin drängt, philosophisch, d. h. abstrakt zu werden. »Realität« und »Welt« können in dieser Grundsituation ebensowenig dekkungsgleich werden, wie das in der Distanz gewonnene Wissen hinter der Totalität der Welt, auf die es intentional gerichtet ist, zurückbleibt.

Drei mögliche Konstellationen zeichnen sich ab: die Welt als Kosmos (das schön und sinnvoll geordnete Ganze) unter Hintansetzung der Lebenswelt, der Primat des Lebensweltlichen (das Lachen der Magd) sowie das Ineinander beider – eben die Antwort, die die Anekdote gibt. Ihre Maßgeblichkeit für den philosophischen Diskurs setzt freilich das Zusammendenken der Akzeptanz von vorurteilsfrei »Erschautem«, »Betrachtetem« mit dem Mißtrauen gegen die eigene Einsicht voraus. Daß die Thales-Anekdote diese Identität schon in der Zuteilung der Rollen aufbricht – hier der Theoretiker, dort die lachende Magd – verweist allerdings auf Argumente für eine Blumenbergs »Umbesetzungen« konterkarierende Lesart, in der die Urgeschichte der Theorie zur Spätgeschichte des Mythos wird. So belegt, wie Th. Buchheim[75] zeigt, Platons »Kurzgeschichte« der vorsokratischen Philosophie (vgl. Sophistes 242c-243a) indirekt, daß das Vertrauen der vorsokratischen Philosophen in die von ihnen aufgezeigten »archaí« von der Theorie weg und hin zu einem »Entwurfsdenken« führt, das sich gerade nicht einem Publikum zum Zweck der gemeinsamen Überprüfung aussetzt, sondern nur dem geeigneten Hörer mitteilt. Es ist diese »Art von weltverstehender Rede, der die Pflege des Mißtrauens gegen die eigene Einsicht *nicht* obliegt«, jene Art der Rede, die bei den Griechen »mythos« heißt.[76] Dieses Denken zeichnet sich unter anderem dadurch aus, daß es ohne Aporetik in einer »Zufriedenheit des Verstehens« bei seinen Weltentwürfen stehenbleibt, in deren Mittelpunkt die Frage steht, welchen Ursprungs die Dinge sind. Diese identifizierenden Entwürfe – nach Platon begnügen sie sich mit der Feststellung der Zahl der ursprünglichen Wesenheiten (»archaí«) – nennt Buchheim »reaktiv«. Während die Philosophie in dem Sinne, den ihr Sokrates gegeben hat und der in den klassischen »theoría«-Konzeptionen das begriffliche Ansichtigwerden objektiv angeschauter Realitäten verfolgt, die Realität transzendiert, trägt die Vorsokratik alle Züge einer Reaktion auf das Befangensein durch die Realität, in der diese gerade nicht distanzierend, d. h. mit den Mitteln des Begriffs, zu einem anderen, Befremdlichen wird: »Daß die Dinge sich so gehören, wie sie liegen, wird [...] anerkannt.«[77] Legt man hier die seit Nietzsche bekannte und gebräuchliche Definition zugrunde, dann wäre die Vorsokratik allenfalls »Wissenschaft« und nicht Philosophie, und ihre Bedeutung für die Gegenwart bestünde – ungeachtet aller Fortschritte der Wissenschaften seither – in der modellhaften Erläuterung der Bedingungen von Wissenschaft, wenngleich Buchheims Charakterisierung[78] dieser gegenseitigen Bezüglichkeit von anfänglichem Denken und Wissenschaft in ihrer Distanz zur klassischen griechischen Philosophie nicht viel mehr leistet als den seit der Scholastik gebräuchlichen Gegensatz von »intentio recta« und »intentio obliqua« zu assoziieren: hier die Überzeugung von der Möglichkeit eines unmittelbaren Zugriffs auf die Objektwelt, dort die Einsicht in die Gebrochenheit des Objektbezugs, die von der prinzipiellen Differenz von Begriff und Sache überzeugt ist.

Vordergründig scheint dem reaktiven, entwurfhaften und damit gewissermaßen identifizierenden (Ursachen aufzeigenden und benennenden) Denken der Vorsokratik die eine oder andere der namhaft gemachten »archaí« zu widersprechen. Ein Beispiel, das bereits die Skepsis des Aristoteles auf den Plan rief, ist das »ápeiron« Anaximanders, dem eine definite Gestalt ausdrücklich abgeht. Eine ins Philosophische überleitende Erklärung gibt Aristoteles, der auf den virtuellen Charakter des »ápeiron« hinweist, eine andere, vergleichbare, Platon, der Heraklits Satz von der Allgegenwart der Bewegung (vgl. DK 22 B 88 sowie 124) radikalisiert und auch noch auf die Einsicht, die dieser Satz ausspricht, bezieht. Für Aristoteles ist das »ápeiron« nicht im Sinne eines planen Entwurfes zu denken, denn auch wenn ein Unbegrenztes niemals als solches Wirklichkeit erreichen und damit zu einem aktuell Unendlichen würde, gibt es doch stets eine mögliche Zahl in Relation zur wirklichen: eine (philosophische) Interpretation, die gerade bei dem Gegenteil dessen auskommt, was der bloß beschreibende Anaximander sagen wollte.[79] Das zweite Beispiel, Platons Auseinandersetzung mit dem Fundamentalsatz Heraklits (vgl. Kratylos 439a-e), erreicht eine Ebene der Unterscheidung, die die Vorsokratiker durchgängig nicht beachten und die man die eigentlich philosophische nennen müßte, nämlich die Unterscheidung zwischen der Wahrnehmung einer bestimmten Realität und der Realität eben dieser Wahrnehmung. Unter der Herakliteischen Voraussetzung steter Veränderung kann es kein »Bestimmtes« geben, auf das eine entsprechende Aussage sich bezöge, weil das vermeintlich Bestimmte sich nie so verhält, wie es sich als Bestimmtes verhalten müßte. Als ein immer Anders-Werdendes schließt es das Entweder-Oder des definiten Erkennens aus. Die eine Reaktion auf diesen Widerspruch wäre die »Verflüssigung« des Erkenntnisvorgangs selber (das Erkennen muß von der gleichen Beschaffenheit sein wie jeder mögliche Gegenstand der Erkenntnis – nämlich in ständiger Bewegung). Diese führt allerdings zugleich schon den Einspruch gegen die radikale »Verflüssigung« mit sich: die Disjunktion angesichts der Versuchung einer unterschiedslosen Verschmelzung von Erkennen und Sein, wie sie besonders kraß bei Parmenides zu beobachten ist (vgl. DK 28 A 34, B 10). Der »fundamentalen Konfusion«[80] der Vorsokratiker setzt Platon, ohne daß dies hier im einzelnen ausgeführt werden könnte, die »dýnamis« der Ideenlehre entgegen, nach der Wahrnehmen und Erkennen ausschließlich durch ihr Objekt und nicht als diese Akte selbst zu identifizieren sind, ein Vorbehalt übrigens, der auch alle späteren

Versuche einer transzendentalphilosophischen Reformulierung des Platonischen Idealismus als Irrwege ausweist.[81]

Die unterschiedlichen Strategien zu einer Verschmelzung der genannten Gegensätze in der Vorsokratik verweisen auf die Welt des Mythos. Ungeachtet der Vielzahl und Widersprüchlichkeit der gegenwärtig aktuellen und diskutierten Mythos-Begriffe[82] weist ein Strukturvergleich die Vorsokratik allenfalls als eine Vor- oder Frühform von Theorie, in jedem Fall aber als eine Spätform des Mythos aus. Das in vielen Variationen abgehandelte Thema »vom Mythos zum Logos« stellt sich damit in modifizierter Weise anders und neu. Geht man von den gängigen Kriterien zur näheren Kennzeichnung des Mythos aus, dann wäre der jeweilige Grad des Übergangs vom Mythos zum Logos beispielsweise auch an der Konsequenz abzulesen, mit der sich die »Depersonifikation« eines ursprünglich Symbolischen bzw. Anthropomorphen vollzieht. Das Augenmerk der unterschiedlichen Verlaufsbeschreibungen »vom Mythos zum Logos« seit Nestle galt solcher Depersonifikation. Diese kann jedoch nur ein formales Kriterium sein; die »Aggregations- und Separationskräfte«[83] bleiben den Interaktionen verpflichtet, die auch und gerade der Mythos an seinen Götter- und Heroengestalten durchspielt. Das heißt aber, daß sich die Vorsokratiker vielfach damit begnügten, »die Funktionen und Werte der alten Symbole neu zu interpretieren [und] die Welt in menschlichen Termini als belebt oder gar als absichtsvoll anzusehen«[84]. Dabei ist vor allem an das genetische Naturmodell (die »archai« erscheinen in Analogie zu einer »Urzeugung«) und an die personalistisch verstandene Teleologie zu denken, wie sie erst Demokrit endgültig überwunden hat. Darüber hinausgehend wäre die Präsenz des Mythos zumindest schwundstufenhaft auch dort nachzuweisen, wo die Faszination durch die plane Abbildung, das reaktive, entwurfhafte Moment, dominiert. Der Schritt »vom Mythos zum Logos« wäre also erst vollzogen, wenn die Objektivität des abbildenden Denkens, die auf einen vorgegebenen Weltzusammenhang rekurriert, ähnlich dem Kult der Heroen und Götter, einer anderen Objektivität weicht, in der die Welt, die entworfen wird, lediglich Modellcharakter haben kann.[85] Macht man sich diese Sicht zu eigen, fällt es schwer, jenen Punkt zu benennen, an dem der Weg »vom Mythos zum Logos« an sein Ende kommt, wären doch unter diesem Aspekt beispielsweise auch Platons Ideen – weil objektive Wirklichkeit und nur in einem sehr eingeschränkten Sinne Modelle – *Mythen.* Vorläufige Kategorien wie Depersonifizierung und Dekodierung, Entallegorisierung und »Modellierung« wären also in ein dreigliedriges Relationengefüge zu überführen, in dem über eine andere Verhältnisbestimmung von Philosophie, Mythologie und Wissenschaft nachzudenken wäre.[86] Nicht zuletzt hier verbinden sich die Anfänge des Denkens mit seiner unmittelbaren Gegenwart.

4. Gestalten

Ionische Naturphilosophie

Thales von Milet

Nach dem Bericht Hippolyts (vgl. Haer. I 1) soll sich Thales von Milet[87] als erster mit Naturphilosophie befaßt und behauptet haben, Ursprung und Endziel des Alls sei das Wasser. Alle Dinge entstünden aus sich verfestigendem Wasser und würden, indem sie sich verflüssigten, wieder zu Wasser. Die Gesamtheit der Dinge werde gleich einem Schiff auf der Oberfläche des Wassers mitgeschwemmt. Entsprechend überliefert Seneca (DK 11 A 15), »die Auffassung des Thales [sei] albern. Er behauptet nämlich, die Erdscheibe werde vom Wasser gestützt und fahre wie ein Schiff. Wenn die Leute sagen, sie erbebe, schwanke sie infolge einer Bewegung des Wassers.« Hippolyt berichtet weiter, nach Thales bewegten sich alle Dinge und seien im Fluß (vgl. die gleichlautende Sentenz Heraklits), weil sie mit der Natur des Urhebers ihres Werdens übereinstimmten. Das, was weder Ursprung noch Ende habe, sei Gott. Außerdem habe sich Thales der Wissenschaft und der Forschung über die Gestirne zugewandt und sei für die Griechen der Begründer der Wissenschaften, vor allem der Astronomie, geworden. Dieser Astronom, der zum Himmel hinaufsah und behauptete, er verstehe die Dinge in der Höhe recht gut, fiel dabei in einen Brunnen. Eine Magd names Thraitta lachte ihn aus und sagte: »Die Dinge am Himmel mußte er unbedingt sehen, und dabei sah er nicht, was zu seinen Füßen ist.« Hippolyt beschließt seinen Bericht mit dem Hinweis, daß Thales zur Zeit des Kroisos gelebt habe. Der Bericht enthält, einschließlich der rezeptionsgeschichtlich wichtigen Anekdote über den Protophilosophen, alles, was über den Ahnherrn der ionischen Naturphilosophie, wie ihn Aristoteles[88] genannt hat, mehr oder weniger gesichert gesagt werden kann. Auch einige wichtige geometrische Kenntnisse dürften auf Thales zurückgehen und werden in Verbindung mit seinem Namen genannt: Mit Hilfe der Einsicht in die Ähnlichkeit rechtwinkliger Dreiecke bestimmte er angeblich die Höhe der Pyramiden; auch die Bestimmung des Peripheriewinkels im Halbkreis und der Satz von der Gleichheit der Basiswinkel im gleichschenkligen Dreieck dürften von ihm stammen: »Sie sagen, Thales habe als erster bewiesen, daß der Durchmesser den Kreis in zwei gleich große Hälften teile. Es wird gesagt, er habe als erster gewußt und gesagt, daß in jedem gleichschenkligen Dreieck die Winkel an der Grundlinie gleich sind, wobei er in altertümlicher Weise die gleichen Winkel ›gleichend‹ nannte.« (DK 11 A 20)

Die meisten Interpreten neigen mehr oder weniger der Ansicht zu, daß die Vertrautheit des Thales mit Mathematik und Astronomie »mit ziemlicher Bestimmtheit auf orientalische und ägyptische Einflüsse« hindeutet.

»Demgegenüber scheint der philosophische Gehalt der Lehre des Thales, seine Bestimmung des Wassers als des Urstoffes [die jedoch Kirk u. a.[89] in Frage stellen], aus authochtoner Quelle zu fließen [...] und Aristoteles fügt hinzu, daß schon deshalb das Wasser unter den Elementen für besonders wertvoll gehalten worden sein müsse, weil der höchste Schwur der Götter ›beim Styx‹ lautete.«[90]

Thales' hylozoistische Grundeinstellung kommt besonders deutlich in jenen vielfach und kontrovers diskutierten Fragmenten zum Ausdruck, in denen es heißt:

»Thales glaubte, daß alles von Göttern voll sei.« (DK 11 A 22)
»Nach der Überlieferung zu urteilen hat es den Anschein, daß auch Thales die Seele als Bewegungsursache betrachtet hat; er behauptete jedenfalls, der Magnetstein habe, weil er das Eisen bewege, eine Seele.« (Ebenda)
»Aristoteles und Hippias [ein Sophist aus der zweiten Hälfte des 5. Jahrhunderts] sagen, daß er auch die unbeseelten Dinge an [der] Seele hat teilhaben lassen, indem er solches aus dem Magnetstein und dem Bernstein folgerte.« (DK 11 A 1, 86 B 7)

Folgt aus dem Hylozoismus das Postulat, alles sei voll von Göttern? Man darf zumindest von einem »Panpsychismus«, einer Art »Allbeseelung« sprechen, die grundsätzlicher und auch folgenreicher war als die umstrittene »archē«, das Wasser. Ob man allerdings in Thales den Begründer einer philosophischen Theologie[91] vermuten darf oder ob man den ursprünglichen Impetus der »wissenschaftlichen« Naturerklärung inversiv als Resignation vor den Phänomen der Bewegung, Entstehung etc., wie sie sich darbieten, umdeutet, etwa in dem Sinne, es lohne sich nicht, sich mit dem einzelnen, in der Beobachtung Gegebenen zu beschäftigen, da *eine* lenkende Kraft alles bestimme, ist eine offene Frage. Zumindest der Astronom und Geometer Thales läßt Zweifel an dieser Deutung zu.

Einige der überlieferten Fragmente berühren den ethisch-politischen Bereich. Hier ist Kafkas Einschränkung richtig, daß gerade in dieser Hinsicht Thales in einem eher traditionellen Rahmen verharrt.[92] Immerhin sind mehrere politische Ratschläge des Philosophen an seine Stadt überliefert. So schlug er den ionischen Küstenstädten vor, sich angesichts der drohenden persischen Gefahr zu einer gemeinsamen Polis zusammenzuschließen. Dabei entwarf der Philosoph ein politisches System, das die einzelnen Städte einer Art »Bundesregierung« unterordnete, ohne ihre relative Selbständigkeit aufzugeben. Auch versuchte er, ein Bündnis

Milets mit dem lydischen König zu verhindern. Diogenes Laertios überliefert: »Bevor Ionien vernichtet wurde, war auch die Ansicht von Thales nützlich, einem Manne aus Milet, von Abstammung ein Phönizier. Er gab den Ioniern den Rat, einen gemeinsamen Regierungssitz zu gründen, der in Teos, das in der Mitte Ioniens liegt, sein sollte. Die übrigen Städte sollten genau wie vorher bewohnt bleiben, aber als Gemeinden [des gemeinsamen Stadtstaates] betrachtet werden.« (DK 11 A 4)

Damit ist das verläßlich Überlieferte erschöpft.

Anaximander und Anaximenes von Milet

Auch über Anaximander sind die historischen Zeugnisse dürftig. Nach Apollodor, der in der zweiten Hälfte des 2. Jahrhunderts v. Chr. lebte, war er 25 Jahre jünger als Thales, eine Angabe, die nicht so sehr chronologischen als vielmehr symbolischen Inhalts ist: Sie ist Ausdruck eines Lehrer-Schüler-Verhältnisses. Nach allgemeiner Auffassung lebte Anaximander von ca. 610 bis 545 v. Chr. in Ionien. Verbindet ihn mit Thales die ursprüngliche Fragestellung, nämlich wie alles Sein sich auf einen einzigen Ursprung zurückführen läßt, so geht er in seiner Antwort weit über diesen hinaus. Anaximander transzendiert in seiner Lehre vom »ápeiron«, dem Grenzenlosen, Unbeschränkten, die physikalische Welt des Erfahrbaren, die Thales nur auf einen letzten Grund zurückführen konnte, der seinerseits der Welt des Erfahrbaren und Identifizierbaren angehört, das »Wasser«. So hat man von ihm – wenn auch mit Vorbehalten[93] – als erstem Metaphysiker gesprochen. Ausgangspunkt der Überlegungen Anaximanders waren die von Thales vorgegebenen Fragen, die er auf die von demselben vorgelegten Lösungen selbst anwandte: Was ist der Ursprung der Erde, des Wassers und der Gestirne? Wie verhält es sich mit der Regelmäßigkeit der Sonnenfinsternisse, und warum lassen sich diese durch die Methode des Thales vorhersagen? Der

Hinweis auf das »ápeiron« fragt dabei hinter den Physikalismus des Thales zurück. Vom »ápeiron« heißt es, auch hier in fragmentarischer Überlieferung:

»Anaximander, des Praxiades Sohn, aus Milet. Dieser sagte, Ursprung und Element sei das Unbeschränkte; er bestimmte es nicht als Luft oder Wasser oder etwas Ähnliches. Und die Teile verwandelten sich, das All jedoch sei unwandelbar.« (DK 12 A 1)
»Anaximander, Sohn des Praxiades, aus Milet. Als Prinzip der seienden Dinge bezeichnete er eine bestimmte Natur, das Unbeschränkte, und aus dieser seien die Welten und die darin befindliche Ordnung entstanden. [...] Er hat also das Unbeschränkte sowohl als Ursprung wie auch als Element der seienden Dinge angewiesen und als erstes die Bezeichnung Ursprung [Prinzip] gebraucht.« (DK 12 A 11, B 2)
»Anaximander aus Milet sagt, der Ursprung [oder: Anfang] der seienden Dinge sei das Unbegrenzte. Denn aus diesem entstehe alles und zu diesem vergehe alles. Weshalb auch unbeschränkt viele Welten produziert werden und wieder vergehen zu jenem, aus dem sie entstehen. Er gibt auch den Grund an, weshalb es unbegrenzt ist: damit das faktische Entstehen in keiner Hinsicht nachlasse.« (DK 12 A 14)

Diesem Einheits- oder Urgrund tritt, die monistische Konzeption durchkreuzend, ein dualistisches Moment an die Seite, ein Gegensatz, der in gewisser Weise schon im Unbeschränkten selbst grundgelegt ist, insofern die Beschränktheit der alltäglichen Dinge, vor allem aber die Zeit – wie auch aus dem kryptischen »Spruch des Anaximander« (vgl. DK 12 A 9, B 1) erhellt – mit dem jeweiligen Gegensatz korrespondiert. Auf die »Erhabenheit [...] des Unbeschränkten, [des] Allumfassenden, [das] alles in sich« einschließt[94], antwortet eine Vielzahl von erfahrbaren Gegensätzen, wie die folgenden Fragmente ausweisen:

»Gegensätze sind das Heiße, Kalte, Trockene, Feuchte usw.« (DK 12 A 9)

»Feuer und Wasser sind Feinde, zwischen denen keine Verwandtschaft besteht, denn das Feuer ist warm und trocken, das Wasser kalt und feucht.«[95]

»Entstehen und Vergehen würden nur dann nicht nachlassen, wenn dasjenige, von dem das Entstehen abgetrennt wird, unbeschränkt sei.« (DK 15 A 15)

Bezieht man die Gegensätzlichkeiten, in denen Anaximander denkt, und die Aussagen zum »ápeiron« aufeinander, dann relativiert sich das Bild vom »ersten Metaphysiker« erheblich. Die genau bestimmbaren Gegensätze, das Denken in Dualitäten, verweisen ebenso wie das Beschränkte, identifizierbar Begrenzte auf das Grenzenlose als ein gleichsam unbesetztes Zentrum, eine Leerstelle, die bereits Aristoteles Rätsel aufgegeben hat.[96] Diese Unbestimmtheit resultiert zum einen daraus, daß die Anaxagoreische Konzeption einer »archē« – Theophrast betont, daß Anaxagoras diesen Begriff eingeführt hat – eine unmittelbare Antwort auf Thales darstellt, dessen Grundprinzip des Wassers dem Bereich der Gegensätze angehört und schon daher nicht im Sinne eines diesen Gegensätzen vorausliegenden Einheitspunktes verstanden werden kann. Man muß in diesem Zusammenhang auch bemerken, daß der Hinweis auf die Elemente, so als sei das »Wasser« gleichsam das Fundamental-Element, nicht weiterführt, da der Begriff des »Elements« (»stoicheíon«) noch unbekannt war. Andererseits erschließt sich die Bedeutung des »ápeiron« nur, wenn man zugleich den Blick auf Anaximenes, den Schüler oder Nachfolger des Anaximander, wirft.[97] Diogenes Laertios berichtet (vgl. DK 13 A 1), Anaximenes, der Sohn des Erystratos aus Milet, sei Schüler des Anaximander gewesen. Zugleich bringt er ihn in ein Schülerverhältnis zu Parmenides. Anaximenes habe erklärt, die »archē« sei die Luft (»aér«) und das Unbegrenzte. Die Sterne bewegten sich nicht unter der Erde, sondern um die Erde herum. Gestorben sei Anaximenes um 525 v. Chr.

Olympiodor von Alexandria überliefert: »Anaximenes ist der Meinung, es gebe nur ein Prinzip der seienden Dinge, ein sich bewegendes und unbeschränktes: die Luft; denn so drückt er sich aus. Die Luft steht dem Unkörperlichen nahe, und weil wir durch ihren Ausfluß entstehen, muß sie notwendig reich sein, wie auch unbeschränkt, da sie niemals ausgeht.« (DK 13 B 3)

Die unterschiedlichen Formen der Luft bringen – dies eine deutliche Kritik an Thales – die Elemente hervor, denn durch Verfeinerung der Luft entsteht Feuer, durch Verfestigung Wind und Wolken, durch noch weiter fortschreitende Verfestigung Wasser, sodann entstehen Steine, aus denen sich die übrigen Dinge bilden (vgl. DK 13 A 5). Mit Thales verbindet Anaximenes offensichtlich der Primat des Stofflichen, er unterscheidet sich von ihm durch seine Kritik am Grob-Sinnlichen. Daß das »Unbeschränkte« dort als Adjektiv auftritt, wo der aér« gekennzeichnet werden soll, zeigt, daß Anaximenes das »ápeiron« des Anaximander stofflich faßt und durch die Einführung des aér« als zu wenig präzise kritisiert, ihm aber auch eine Brückenfunktion zwischen den eigenen und den naturphilosophischen Bestimmungen des Thales zuspricht. Anaximenes, der mit Thales auch das Interesse an meteorologischen Fragen teilt, läßt selbst noch die Götter aus der Luft hervorgehen: »Anaximenes [...], der die Ursachen aller Dinge der unendlichen Luft zuschrieb und die Existenz der Götter weder verneinte noch über sie schwieg; von ihnen sei aber nicht die Luft erschaffen, sondern, wie er glaubte, seien sie selbst aus der Luft hervorgekommen.« (DK 13 A 10)

Damit wäre die räumlich-stoffliche »archē« in einem Sinne transzendiert, der auf ein qualitatives Anderssein verweist, das sich seinerseits nur in ontologischen Bestimmungen ausdrücken läßt. Auf diese bezogen wären die jeweils konkret benannten »archaí« kategoriale Ausprägungen. In diesem Sinne hat Aristoteles Anaximander verstanden, denn: »Alle, die über die Natur forschen, setzen für das Unbegrenzte als Zugrundeliegendes eine von ihm verschiedene Natur aus der Gruppe der Elemente an, so etwa Wasser oder Luft oder das, was als Mittelding dazwischen gilt.«[98]

Mit Anaximander, verdeutlicht durch die spätere Präzisierung durch Anaximenes, wäre daher die Nahtstelle von philosophisch-ontologischer und naturwissenschaftlich-empirischer Weltsicht erreicht: hier eine ursprüngliche, allem Seinden voraus- und zugrundeliegende Substanz, ein »Sein« jenseits aller Kategorialisierung, dort ein »bloßer Grundstoff« im Sinne der Ermöglichung alles Stofflichen ohne einen prinzipiellen Unterschied.

Schon die Interpretation des »ápeiron« sieht sich mit der Unterscheidung von Philosophie einerseits und Wissenschaft andererseits konfrontiert; diese Unterscheidung läßt sich nicht dadurch unterlaufen, daß man ohne weiteres von »Naturphilosophie« spricht, einer anfanghaften Naturwissenschaft mit spekulativen Momenten, die in einem fortschreitenden Prozeß wissenschaftlicher Präzisierung eliminiert wurden: Gerade wenn man Anaximander sowohl im Hinblick auf Thales (der ausschließlich räumliche Aspekt des »ápeiron«) als auch auf Anaximenes (räumlicher Aspekt mit entgrenzendem Moment) verstehen will, bleibt jene Aporie, die auf Fragen der Verhältnisbestimmung von Philosophie und Wissenschaft führt.[99] Ein transkategoriales Verständnis des »ápeiron« spricht vor allem aus der Lesart, die Aristoteles in der bereits zitierten Stelle[100] anschließt:

»Vom Unbegrenzten aber gibt es keinen Anfang [...]. Vielmehr scheint dieses der Anfang von allem zu sein, *alles zu umfassen* und *alles zu steuern*, wie das all die sagen, die neben dem Unbegrenzten keine anderen Ursachen wie etwa den Geist [Anaxagoras] oder die Liebe [Empedokles] ansetzen. Ferner sei dieses das Göttliche; denn es sei unsterblich und unzerstörbar, wie Anaximander sagt und die meisten der alten Naturphilosophen.«

Dieses transkategoriale Verständnis ist besonders dann von Bedeutung, wenn man beim sogenannten »Spruch des Anaximander«, den ältesten überlieferten Worten griechischer Philosophie, nicht in Tiefsinnigkeiten und Mystizismen verfallen will, die die philosophische Aussage dieses Fragments insofern verkennen, als sie im Sinne des Mythos interpretieren, die Dinge müßten für all das Unrecht büßen, das sie aneinander begangen hätten, und so ein kosmischer Schuld- und Verhängniszusammenhang konstruiert wird, der dann doch wieder Götter bzw. personale Mächte hinter dem Weltgeschehen vermuten läßt. Auch Heideggers Deutung des Spruches (s. Anm. 45) und seine Rede von »Ruch« und »Fug« bzw. »Un-Fug« bleiben zuletzt in diesen mythischen Schemata gefangen. Das »unbesetzte« transkategoriale Zentrum, als das das »ápeiron« hier begriffen werden soll, wäre dagegen eine Art Bühne, auf der sich ein Geschehen vollzieht, das im Entstehen und Vergehen des Weltprozesses[101] verbürgt, daß – so hat es Aristoteles formuliert – die Ursubstanz alles umfaßt und alles steuert. Dabei sind die Gegensätzlichkeiten von herausragender Bedeutung. Das, woraus das Seiende entsteht, kann nicht das »ápeiron« selbst sein; es ist die »Bühne«, auf der Entstehen und Vergehen sich unaufhörlich abspielen. Das Seiende gehorcht einer Notwendigkeit, die schließlich zum Untergang führt, während das »ápeiron« bleibt.[102] Das im Spruch des Anaximander bildhaft Ausgeführte bezieht teilweise mit moralisch konnotierten Kategorien das immanente Weltgeschehen auf das »ápeiron«. Kann Kategorialisierung eines Transkategorialen sich anders vollziehen als in der Aufnahme des Geläufigen, Gekannten, Eingängigen – und das heißt in dieser frühen Phase: des Mythos? Zum »ápeiron« kann es von seinem Begriff her keine empirisch ausdrückbare Bezüglichkeit geben, da sich Anaximander »das Unbegrenzte klarerweise nicht als *immanent* in der entwickelten Welt vorgestellt haben [kann], noch nicht einmal in der Art, in der die Welt bei Thales irgendwie mit einer göttlichen Lebenssubstanz durchdrungen war; das Unbegrenzte hat diesen Namen wohl deshalb erhalten, weil es mit nichts in der Natur identisch war« [103]. Es handelt sich also um eine jenseits des Kategorialen angesiedelte Instanz, die die kategorial ausdrückbaren und empirisch erfahrbaren Gegensatzverhältnisse auf eine Ebene zurückprojiziert, die – paradox genug – dem Wandel der Dinge enthoben ist und doch allen Wandel in der Welt steuert. Eine solche Verhältnisbestimmung läßt sich – und dies lehrt der Spruch des Anaximander wohl nicht zuletzt – nur noch *metaphorisch* begreifen.

Pythagoras von Samos und die Pythagoreer

Die Überschrift dieses kleinen Kapitels stellt gewissermaßen eine Gleichung mit zwei Unbekannten dar: Über Pythagoras gibt es »historische« Angaben, über die Pythagoreer dagegen nur Vermutungen. Dabei muß man das uns überkommene Schrifttum wohl letzteren zuschreiben, während Zweifel nicht nur daran laut wurden, ob Pythagoras selbst je eine Zeile verfaßt hat, sondern auch, ob er je gelebt hat und nicht vielmehr nur eine legendäre Persönlichkeit ist. Heuser [104] nennt ihn respektlos einen »arbeitslosen Heiland«, der – wie andere Heilande – schriftlos eine »frohe Botschaft« [105] verkündet habe, und zwar in Anknüpfung an die Orphiker, die aufgrund ihres Seelenglaubens und der »heiligen Rede« wahrscheinlich »die ersten Theologen des Christentums« [106] (dies freilich lange vor seiner Gründung) gewesen seien. Die historischen Testimonien sind dürr und bieten etwa folgendes: Pythagoras wurde in Samos an der kleinasiatischen Westküste geboren und ließ sich um 530 v. Chr. in Kroton (Süditalien) nieder. Dort gründete er eine Art Orden, den wissenschaftliche, religiöse und politische Ambitionen auszeichneten. Diese Lebensgemeinschaft gewann in einigen süditalienischen Städten politischen Einfluß und etablierte unter anderem oligarchisch-konservative Stadtregierungen. Eine Widerstandsbewegung zwang Pythagoras um 500 v. Chr. zur Emigration nach Metapont, nördlich von Kroton, wo er bald darauf starb. Zahlreiche Schüler verbreiteten seine Lehre und blieben politisch aktiv, so daß sich – vielleicht um 455 v. Chr. – in den meisten süditalienischen Städten die Bürger gegen die Pythagoreer erhoben, ihre Gebäude zerstörten und viele von ihnen töteten. Viele Pythagoreer flüchteten ins griechische Mutterland, wo unter anderem Platon mit ihnen bekannt wurde. Philolaos veröffentlichte um 425 v. Chr. ein Werk, das pythagoreisches Gedankengut mit Lehren des Parmenides zu einer Art philosophischem Synkretismus verband. Gegen Ende des 4. Jahrhunderts v. Chr. scheint der Pythagoreismus in Süditalien erloschen zu sein.

Für die Historizität des Pythagoras spricht, daß er nicht lange nach 500 v. Chr. in ganz Griechenland bekannt war. Herodot erwähnt die religiösen Lehren der Pythagoreer, Heraklit polemisiert gegen ihn. Zweifel an der Historizität des Pythagoras äußert schon das Handbuch Windelbands[107], das ihn im übrigen einen sittlich-religiösen Reformator, nicht aber einen Philosophen nennt. Noch zurückhaltender ist das Urteil K. Reinhardts, der eines der Hauptziele der Erforschung vorsokratischer Philosophie, die Rekonstruktion der wahren Lehre des Pythagoras, für unzumutbar erachtet. Nicht nur lasse sich nicht einmal beweisen, ob Pythagoras überhaupt ein Philosoph gewesen sei:

»Was für Daumenschrauben wir auch der Überlieferung anlegen, wir vermögen ihr doch kein Zeugnis über die altpythagoreische Philosophie zu entpressen; alle Aussagen, zu denen sie sich herabläßt, gelten nur für die Bewegung der pythagoreischen Romantik, die gegen Ende des 5. und im Anfang des 4. Jahrhunderts in den aristokratisch und zugleich spekulativ und religiös ergriffenen Kreisen Unteritaliens und Siziliens sich ausgebreitet hatte. Und es gibt kein Mittel, die Schlußfolgerung zu entkräften, daß der *Philosoph* Pythagoras erst eine Schöpfung dieser Zeit und dieser Kreise sei.« [108]

Dies alles hat nicht verhindert, daß Pythagoras bis zur Wiederentdeckung des Aristoteles im Hochmittelalter als der neben Platon wichtigste Philosoph der Antike gegolten hat, ein Beispiel für die Differenz von genuin historischer Überlieferung und Rezeptionsgeschichte.

Bereits im Zusammenhang mit der Anekdote von Thales und der thrakischen Magd, die H. Blumenberg dazu benutzt hat, eine »Urgeschichte der Theorie« zu rekonstruieren, hat sich gezeigt, daß neben inhaltlichen Aspekten, die sich für die frühe Ausprägung der Philosophie als eines bestimmten, vom Mythos unterschiedenen Ausgriffs nach der Welt namhaft machen lassen, auch eher formale Gesichtspunkte angeführt werden können. Unter diesen ist die je eigene, unverwechselbare und gleichwohl auf den Philosophen an sich zugeschnittene »forma vivendi« (Lebensform) nicht der unbedeutendste. Die Zweifel an der Historizität lassen nun das Leben des Pythagoras überhaupt wie eine einzige Anekdote erscheinen, angefangen von seinen Ge- und Verboten hinsichtlich der Nahrungsaufnahme – etwa dem strikt geforderten Verzicht auf Rindfleisch und Bohnen – bis zu einer bündischen, logenhaften oder klosterähnlichen Lebensweise, die auf Platons Akademie eingewirkt und sogar noch das frühchristliche Mönchtum geprägt hat. Liest man über Mönche des 10. Jahrhunderts, die Schöpfer der noch heute imposanten Klosterbauten und Kathedralen, daß sie Gelehrte und Eingeweihte waren, für die der Schlüssel zu vollkommener Erkenntnis in den Zahlen und ihren Kombinationsmöglichkeiten lag, dann vermeint man, einen Pythagoras zu vernehmen, der freilich eher die Züge des Religionsstifters als des Philosophen trägt.[109] Aber auch die legendarische Überlieferung weist auf jene »wissenschaftlichen« Aspekte hin, wie sie die Rezeptionsgeschichte kennt. Diese sollen auch unsere kurze Darstellung bestimmen.

Hier ist nun zuerst die Tradition von Pythagoras als dem überragenden Mathematiker aufzunehmen, auf die unter anderem zwei Fragmente des Porphyrios (DK 18.2) und des Iamblichos (Vita Phyt. 87 f.) hinweisen, in denen es heißt:

»Von jenen, die zu ihm kamen, wurden die einen ›Mathematiker‹ [›Schüler‹] genannt, die anderen ›Akousmatiker‹ [›Hörer‹]. Mathematiker hießen jene, welche mehr in den besonderen und im Hinblick auf Exaktheit gepflegten Lehren seiner Wissenschaft unterrichtet worden waren, Akousmatiker jene, welche nur die kurzgefaßten Vorschriften ohne exakte Begründung vernommen hatten.«
»Diejenigen Pythagoreer, die sich mit den ›Mathemata‹ [(auch mathematischen) Lehrstücken] beschäftigten, akzeptierten auch die anderen als Pythagoreer, sie behaupteten aber, was sie selbst lehrten, sei in einem volleren Sinne als wahr zu betrachten.«

Die *Mathematik*, eigentlich das schulmäßige Wissen, meint schon hier die Lehre von den Zahlen, Kristallisationspunkt der Pythagoreischen Weltanschauung. Nach Aristoteles[110] waren die Pythagoreer die ersten, die die Mathematik förderten. Sie waren außerdem der Überzeugung, die Prinzipien der Mathematik seien die Prinzipien der Dinge selbst; die Zahl nimmt den Platz ein, den in der ionischen Naturphilosophie die als »stoicheía« (bestimmte, identifizierbare Elemente) bezeichneten »archaí« innehatten. Da in der Mathematik die Zahlen das Wesentliche darstellen, soll auch alles Abgeleitete in der Natur wie im menschlichen Zusammenleben sich auf die Zahlen zurückführen lassen; selbst die Gerechtigkeit, die Seele oder die Vernunft sind, prinzipiell betrachtet, verschiedene Ausprägungen der Eigenschaften von Zahlen. Aristoteles fährt fort:

»Und da sie ferner die Eigenschaften und Verhältnisse der Töne der Musik in den Zahlen sahen, so kamen sie zu folgender Ansicht: Da alles andere in der Natur sich den Zahlen anzugleichen scheint, die Zahlen aber das erste in der ganzen Natur seien, so seien die Elemente der Zahlen die Elemente aller Dinge, und der ganze Himmel sei Zahlverhältnis und Zahl. Und was sie nun an Entsprechungen fanden in den Zahlen und Zahlbeziehungen zu den Zuständen der ganzen Weltordnung, das sammelten sie und stellten es zusammen. [...] Sie sind offenbar der Meinung, die Zahl sei Prinzip [›archē‹] als Materie, woraus alles besteht, wie auch Zustand [›páthos‹] und Verfassung [›héxis‹], in der sich das Seiende befindet. Für die Elemente der Zahlen aber halten sie das Gerade und das Ungerade. Von diesen sei das eine begrenzt, das andere aber unbegrenzt. Die Eins aber bestehe aus beiden, denn sie sei gerade und ungerade, nämlich weil sie dem Geraden zugesetzt es ungerade macht, und dem Ungeraden zugesetzt dieses gerade macht, – die Zahl aber sei aus der Eins, aus Zahlen aber der ganze Himmel.«

Einmal hypostasiert, wird die Zahl nicht nur zum Urbild der Dinge, an der diese – man vergleiche die Platonische Ideenlehre – teilhaben, sondern die wahrnehmbaren Dinge bestehen auch real aus Zahlen. Die Zahlen sind die »Materie«, aus der sich die Dinge formen, und zwar nach dem Urbild, das ebenfalls die Zahl darstellt. Die Pythagoreische Zahlenlehre weist dennoch eine größere Nähe zum Atomismus als zu Platon auf: Vereinfachend könnte man sagen, daß es so viele Zahlen wie Atome gibt, also unendlich viele, eine Parallele, von der aus sich die Pythagoreische Kosmologie überhaupt erst erschließt, die ihrerseits wiederum den Sprung von der Mathematik zur empirisch wahrnehmbaren Welt vollzieht. Die Entstehung der Welt ist in Analogie zur mathematischen Ableitung der Zahlen zu denken. Entsprechend markiert die uns umgebende sinnlich wahrnehmbare Welt den Endpunkt eines Prozesses, an dessen Beginn die Entstehung der Zahlen steht. Um diese zu erklären, bedienen die Pythagoreer sich eklektizistisch des »ápeiron« Anaximanders, dessen Eintritt in die Welt die ursprüngliche Einheit (eins) zerstört und in eine Zweiheit aufspaltet (zwei), die sich durch weitere Spaltungen zu immer neuen einzelnen Einheiten, d. h. zu immer größeren Zahlen erweitert. Die Prämisse dieses Gedankens ist eine Art Dualismus vor dem Dualismus, denn »ápeiron« und Welteinheit bilden eine Zweiheit noch vor der unsere Welt konstituierenden Zweiheit, die ihrerseits durch das Aufeinandertreffen von »ápeiron« und Welt entsteht. Alle weitere Differenzierung innerhalb des Kosmos vollzieht sich durch und orientiert sich an den Zahlen, die sich wie die Atome Demokrits durch fortschreitende Aufspaltung ins Unendliche bilden.

Wenn ein wichtiges Kriterium von Philosophie – im Unterschied zu den Einzelwissenschaften – im kritischen Einspruch gegen ungerechtfertigte Verabsolutierungen partieller wissenschaftlicher Erkenntnisse zu sehen ist, dann geht Pythagoras den umgekehrten Weg. Mag man in der Entdeckung der fundamentalen Bedeutung von Zahlenverhältnissen für die Erkenntnis der Wirklichkeit zwar auch eine bedeutende einzelwissenschaftliche Erkenntnis und Einsicht sehen, die etwa in der Mathematisierung der Wissenschaften bis hin zur Physik als einer Funktion der Mathematik weiterwirkte und wirkt: Die Kosmologie der Pythagoreer ist im günstigsten Falle ein fragwürdiger Analogieschluß. Diese Fragwürdigkeit steigert sich, wenn die vermeintlich philosophische Perspektive einer soteriologischen Platz macht, beispielsweise wenn die Tugenden auf die Zahlen zurückgeführt (vgl. DK 58 B 4) oder Seele bzw. Verstand als Eigenschaften der

Zahl erklärt werden. Philosophisch stößt die Seelenlehre der Pythagoreer auf starke Bedenken, auch wenn gerade sie neben der aus den Zahlenverhältnissen abgeleiteten Harmonielehre am nachhaltigsten gewirkt hat: Platons Gedanke von der »anámnēsis« (Erinnerung) der Seele, die Mythen, die er über das Totengericht erzählt, sowie der für die Ideenlehre konstitutive Gedanke der »méthexis«, der Teilhabe der Seele an der Idee, erschließen sich in ihrer ganzen Bedeutung nur von der Seelenlehre der Pythagoreer her, und Platon selbst nimmt ja auch im zehnten Buch der *Politeia* ausführlich auf Gestalt und Lehre des Pythagoras Bezug. Das Sperrige, das ungeachtet dessen bei Platon dem Gedanken der Wiedergeburt anhaftet, hat man durch Reformulierungs-, ja Entmythologisierungsversuche auszuräumen versucht, wenn man etwa den Platonischen Idealismus, von allen Anschaulichkeiten gereinigt, als eine Frühform des Transzendentalismus interpretierte oder auf die Rekonstruktion einer »ungeschriebenen Lehre« Platons hinarbeitete, die – auch dies eine offensichtliche Parallele zum Pythagoreismus – spekulative Mathematik gewesen sein soll. Läßt sich durch vergleichbare interpretatorische Verfahren das soteriologische Moment des Pythagoreismus in einem spekulativen, auf Prinzipienwissen gerichteten Sinne aufheben?

Herodot (vgl. DK 14.1) ist der Meinung, der Glaube des Pythagoras an die Wiedergeburt sei ägyptischen Ursprungs. Später hätten dann Griechen – er meint ohne Zweifel die Pythagoreer – diese Lehren vorgetragen, »als ob es sich um ihre eigene Erfindung handle«. Diese historisch-genetische Zuweisung ist falsch. Das zeigt nicht nur ein religionsphänomenologischer Vergleich. Auch die zugegebenermaßen legendarische Überlieferung verweist übereinstimmend auf die Originalität und Urheberschaft der Pythagoreer hinsichtlich der Wiedergeburt, deren Voraussetzung die Lehre von der Unsterblichkeit der individuellen menschlichen Seele ist. Dazu zwei Zeugnisse:

»Am meisten wurden jedoch folgende Lehren bei ihnen bekannt: erstens, daß er behauptete, die Seele sei unsterblich; zweitens, daß sie sich ändere, indem sie in andere Lebewesen eingehe; außerdem, daß das Entstehende nach gewissen Perioden erneut entstehe und daß es überhaupt nichts Neues gebe; schließlich, daß man alles Entstehende, das beseelt ist, als verwandt betrachten solle. Pythagoras scheint der erste gewesen zu sein, der diese Lehren in Griechenland einführte.« (DK 14.8a)

»Er erinnerte viele, die ihm begegneten, unzweideutig an das frühere Leben, das ihre Seele einmal, bevor sie in ihrem heutigen Leibe gefesselt wurde, geführt habe. [...] Er kannte seine früheren Existenzen und fing seine Betreuung anderer Menschen damit an, daß er sie an das Leben erinnerte, das sie früher geführt hätten.«[111]

Pythagoras als Reinkarnationstherapeut?

Hypothetisch bleiben auch immer wieder versuchte Zuweisungen an orphische Lehren bzw. entsprechende Traditionen. So hat E. Rohde[112] in seiner großangelegten, immer noch unübertroffenen Darstellung des frühen Unsterblichkeitsglaubens darauf hingewiesen, daß der Gedanke einer Trennung der Seele von der übrigen menschlichen Natur einerseits eine durchaus originäre pythagoreische Vorstellung ist, daß aber »von all diesen Vorstellungen [...] keine auf dem Wege wissenschaftlichen Denkens gewonnen« ist. Auch diese Lehre ist, ob man sie nun für etwas von der Philosophie Verschiedenes, ja ihr Entgegengesetztes ansieht oder nicht, durchaus ein »Neubeginn in der Weltgeschichte«.[113] Zwar sind die hinsichtlich der Seelenlehre überlieferten Fragmente widersprüchlich; so heißt es auf dem Hintergrund der in den Zahlen gründenden Harmonielehre einmal, die Seele habe bzw. sei Harmonie, also eine Art Form im aristotelischen Sinne, die die Materie nach Gesichtspunkten gestalte, die in den letzten Prinzipien selbst wurzeln (vgl. DK 58 B 41). Andererseits überliefert Aristoteles (vgl. DK 58 B 40), einige der Pythagoreer hätten die Seele als bloße, in der Luft befindliche Staubpartikel begriffen, während andere in der Seele jene Kräfte vermutet hätten, die diese Staubpartikel bewegten. Sicher scheint jedenfalls zu sein, daß sich die Seele nicht durch Individualität auszeichnet, die seit Platon untrennbar mit der Seelenvorstellung verbunden wird und die später, durch das Christentum rezipiert und modifiziert, zu der Anschauung von der Unvertretbarkeit und Einmaligkeit jedes einzelnen Menschen führen sollte. Hinsichtlich ihrer eigenen Qualität wie der je zufälligen Verkörperung scheint die Pythagoreische Seele eine eher unspezifische, beliebige Größe zu sein, die zu dem Leib, in dem sie verkörpert wird, keine engere Beziehung hat. Aristoteles moniert, die Pythagoreer beschränkten sich auf den Versuch, »anzugeben, *wie* die Seele sei, aber stellen für den empfangenden Leib weiter nichts fest, als gehe [...] jede beliebige Seele in jeden beliebigen Leib ein« (DK 58 B 39). Und Diogenes Laertios überliefert den Ausspruch: »Ich war schon einmal ein junger Mann, eine junge Frau, ein Gebüsch, ein Vogel und der Fisch, der aus dem Wasser springt auf seiner Fahrt.« (DK 31 B 117)

Diese Beliebigkeit verträgt sich nicht recht mit dem Läuterungsgedanken, der eng mit der Seelenwanderung verbunden wird: ist doch individuelle Zurechnung die Bedingung wiedergeburtlicher Vervollkommnung. Hinzu kommt, daß Pythagoras die Läuterung an eine bestimmte Lebensweise knüpft; so überliefert Iamblichos (vgl. DK 58 C 4) ein ethisches Programm, das in dem Hinweis gipfelt, wir müßten in diesem Leben Strafen erleiden, »da wir zur Strafe in die Welt gekommen sind«. Wenn schließlich von Pythagoras berichtet wird, daß er die ihm Begegnenden an ihr früheres Leben erinnerte, und es von ihm selbst heißt, daß ihm all seine Wiederverkörperungen gegenwärtig gewesen seien (vgl. DK 14.8), dann schließt sich zwar der Kreis der soteriologischen Grundströmung dieses Denkens, das Zweideutige aber in der Bestimmung der Seele wird nicht eben klarer. So wird auch das Sagenumwobene und der quasigöttliche Anspruch des Pythagoras nirgendwo deutlicher als in der Beschreibung des Porphyrios (DK 31 B 129): Pythagoras sei nicht nur ein Mann überragenden Wissens (also ein Wissenschaftler oder Philosoph), sondern »fähig zu Taten aller Art« gewesen, »und zwar [zu] besonders kundigen, da er ja den größten Reichtum des Verstandes erworben hatte. Denn sooft er sich mit seinem ganzen Verstand anstrengte, sah er ohne Mühe jedes einzelne von allen seienden Dingen, was in zehn oder in zwanzig Lebenszeiten der Menschen geschah.«

Heraklit von Ephesos

Im 3. Jahrhundert v. Chr. nennt der Satiriker Timon von Phlius Heraklit denjenigen, der »rätselhaft spricht« [114]. Die Schwierigkeiten, den Stil Heraklits angemessen zu verstehen, führten nicht nur dazu, ihn später den »Dunklen« zu nennen (»skoteinós, obscurus« [115]). So ist beispielsweise bis heute auch unter den Philologen umstritten, ob das, was von seiner Lehre überliefert ist, in Prosa oder in gebundener Sprache abgefaßt war. Gleich zu Anfang soll deshalb vor der historisch-biographischen Einordnung Heraklits ein Beispiel für den aus dieser »Dunkelheit« herrührenden Spielraum unterschiedlicher, durchaus gleichberechtigter Interpretationsmöglichkeiten angeführt werden. Das Beispiel führt außerdem gut in die Sachinterpretation und das Verständnis der Herakliteischen Logos-Lehre ein.

Sextus Empiricus überliefert zwei Fragmente (DK 22 B 1 und B 2), die als Einführung in die Logos-Lehre Heraklits gelten können. Sie stellen den Logos dem Leben und Denken der vielen gegenüber, die so leben, als gäbe es den Logos nicht. Dabei besteht eine nicht geringe Schwierigkeit darin, wie »lógos« im einzelnen übersetzt werden muß: hat es doch sogar Versuche gegeben, den

»lógos« Heraklits im Schöpfungsbericht der Genesis oder im Prolog des Johannesevangeliums wiederzuerkennen.

Wenn man die beiden genannten Fragmente als Prosatext liest und dabei als Einführung in die Philosophie Heraklits versteht, eröffnen sich drei Aspekte: zum ersten der Grundgegensatz Heraklits; dieser ist kein bloß gedachter, sondern zerreißt die Welt in lauter Gegensatzverhältnisse, die sich nicht irgendwie mediatisieren lassen, vielmehr im Wesen des »lógos« als eines Zerspaltenden, Auseinanderreißenden selbst gründen. Sodann wird dieses Gegensatzverhältnis »sozialisiert«; die Menschen, wie sie sich darbieten, sind unfähig, den Gegensatz zu erkennen und halten ihn gerade dadurch am Leben. Drittens scheint dieses Unverständnis dem »lógos« gegenüber ebenso wie die daraus resultierende Zerrissenheit als Bedingung des »lógos« an sich auf. Ganz so, wie es sich um den »lógos« verhält, daß er nämlich durch das ihm Entgegengesetzte wirkt, so verhält es sich umgekehrt mit den Gegensätzen, die einem allgemeinen Plan oder Maßstab entsprechen, so »daß alle Dinge, obwohl ersichtlich eine Vielzahl und ganz diskret, dennoch wirklich in einem zusammenhängenden Komplex vereinigt sind, von dem die Menschen selbst einen Teil bilden« [116]. Entsprechend werden die beiden Fragmente übersetzt:

»Gegenüber der hier gegebenen, unabdingbar zutreffenden Darstellung erweisen sich die Menschen immer als verständnislos, sowohl bevor sie sie zu Gehör bekommen als auch nachdem sie sie einmal gehört haben. Denn obwohl alles in Übereinstimmung mit dieser Darstellung geschieht, gleichen sie unerfahrenen Leuten, sobald sie sich an solchen Worten und Werken versuchen, wie ich sie auseinandersetzte, indem ich jeden einzelnen Gegenstand seiner Natur entsprechend zerlege und erkläre, wie es sich damit verhält. Den anderen Menschen aber entgeht all das, was sie im Wachen tun, ebenso wie sie alles vergessen, was sie im Schlaf tun. Daher ist es nötig, sich dem Gemeinschaftlichen anzuschließen. Aber obwohl die Darstellung gemeinschaftlich ist, leben die meisten Leute so, als ob sie eine private Einsicht besäßen.«

Adhortativ wird sodann in DK 22 B 50 angefügt: »Wenn man nicht auf mich, sondern auf die Auslegung [den Logos] hört, ist es weise beizupflichten, daß alles eins ist.«[117]

Die jeweilige von dem Kontext der Interpretation abhängige Übersetzung von »lógos« als »Darstellung«, »Auslegung« bzw. die ergänzende Hinzufügung des Begriffs selbst spiegelt Entscheidungen wider, die sich nur bedingt aus der Sache ergeben, nicht zuletzt, weil bereits Heraklit – und die fragmentarische Überlieferung tut ein übriges dazu –, wie »Aristoteles fand, nicht die Kategorien der formalen Logik benutzte und dazu neigte, dasselbe [oder in etwa dasselbe] bald als einen Gott zu beschreiben, bald als Form eines Stoffs, bald als eine Verhaltensregel oder als ein Prinzip, welches nichtsdestoweniger ein physischer Konstituent der Dinge war«[118].

Mansfeld dagegen sieht den »lógos« einmal in Analogie zu einem Redner, sodann als Auslegung, die Maßstab und Erläuterung dessen ist, was geschieht. Das Geschehen ereignet sich gemäß der vorgängigen Auslegung, die zugleich darüber Aufschluß gibt, wie jedes Ding bzw. Geschehen sich in Wirklichkeit verhält bzw. was es in Wirklichkeit ist. Der »lógos« ist also zum einen (formal) Wesensaussage, zum anderen (inhaltlich) die Entfaltung des Wesens der Dinge: daß alle Dinge eins sind, gerade weil diese Einheit eine solche von Gegensätzen ist.[119] Entsprechend wird auch übersetzt:

»Gegenüber der hier gegebenen, unabänderlich gültigen Auslegung [›lógos‹] erweisen sich die Menschen als verständnislos, sowohl bevor sie als auch wenn sie sie einmal gehört haben. Denn obwohl alles in Übereinstimmung mit der hier gegebenen Auslegung geschieht, gleichen sie Unerfahrenen, sobald sie sich überhaupt an solchen Aussagen und Tatsachen versuchen, wie ich sie darlege, indem ich jedes Einzelne seiner Natur gemäß zerlege und erkläre, wie es sich damit verhält. Den anderen Menschen aber entgeht, was sie im Wachen tun, genau wie das, was sie im Schlafe tun.«

»Daher hat man sich dem Allgemeinen anzuschließen – d.h. dem Gemeinschaftlichen, denn der gemeinschaftliche [»lógos«] ist allgemein; ungeachtet der Tatsache aber, daß die Auslegung eine allgemeine ist, leben die Leute, als ob sie über eine private Einsicht verfügten.«

Nach dem Rekonstruktionsversuch Deichgräbers[120] verweisen die beiden von Sextus Empiricus überlieferten Fragmente auf eine verborgene Struktur rhythmischer, gebundener Rede, durch die der Metaphysiker *und* Ethiker Heraklit poetisch-antithetisch den Gegensatz zwischen dem eigenen Weltverständnis und dem der Vielen, der anderen Menschen, in besonders prägnanter Weise verbalisiert. Auf den ersten Blick scheint Heraklit nur mit Feststellungen zu arbeiten; diese entpuppen sich bei näherem Hinsehen jedoch zugleich als Kritik und Protreptik.

Die Rekonstruktion des Gedichts wird von der immer wiederkehrenden Antithetik von »lógos«/Einsicht einerseits und Unverstand (vermeintliche Einsicht, »phrónēsis«) andererseits beherrscht. In einer quasidialektischen Verschränkung bezieht Deichgräber den Sprechenden (Heraklit) und das Gesprochene (»lógos«) aufeinander, so daß im privaten Ego das Allgemeine und im »lógos« ein allgemeines Ego sichtbar wird.[121] Da Deichgräber seinem Rekonstruktionsversuch keine Übersetzung beigegeben hat, gebe ich selbst eine seinen Intentionen entsprechende Übertragung:

Gegenüber dem hier offenbar gewordenen ewigen Logos
erweisen die Menschen sich ohne Verstehen,
noch bevor sie ihn gehört haben
und selbst wenn sie ihn gehört haben.

Denn obwohl alles in Übereinstimmung mit dem einmal offenbar gewordenen Logos geschieht,
sind sie Unerfahrenen zu vergleichen,
sie sind, ob sie Worte oder Taten planen, Unerfahrenen gleich,
im Verhältnis zu den Worten und Taten, die ich darlegte,
indem ich jedes [von ihnen] seiner Natur nach auseinanderlegte
und erklärte, was es damit auf sich hätte.

Den anderen Menschen bleibt verborgen,
was sie im Wachen tun,
genau wie das, was sie im Schlafe
vergessen.

Es geziemt sich, sich an das Allgemeine zu halten,
an den Logos, der jedem Ding gemeinsam ist.
Es leben aber die Leute,
als ob es so etwas gäbe wie eine eigene Einsicht.

Der offenbar in rhythmischer Sprache abgefaßte Text beschreibt den Aufstieg vom Privaten (des Sprechenden, d.h. Heraklits) zu einem Allgemeinen, in dessen Spiegel das Private der Vielen als nichtig zergeht. Den zeitlichen und räumlichen Prädikaten dieses Einen, des »lógos«, stehen die Menschen ebenso verständnislos gegenüber, wie sie ihre Situation als nicht Verstehende verstehen. Übersetzt man »lógos« mit »Wort« und dann in einem weiteren Sinne als »Sprache«, wird die Sprache vor allem deshalb zum Problem, weil sie offensichtlich immer schon, nicht von sich aus [122], aber doch in ihrem »realen Wirken«, Mißverstehen und nicht Verstehen ist. Auch diejenigen, die den Logos vernommen haben, bleiben unverständig, freilich nicht mehr in einem apriorischen, sondern in empirischem Sinne: In ihrer »empeiría«, d.h. im Medium eigener Erlebnisse und Erfahrungen, begegnen sie dem »lógos«, dem Gesetz von allem, ohne es doch wahrzunehmen oder zu verstehen. So ist ihr (vermeintliches) Wissen im wachen Zustande eher dem Vergessen dessen gleich, was sie im Schlaf tun. Sie leben, als ob sie eine eigene, »private«, dem »lógos«, dem Allgemeinen, überlegene Einsicht in das Wesen der Dinge besäßen. Auch die weiteren Fragmente lassen sich in dieser Richtung deuten bzw. stützen diese Interpretation:

»Die Leute verstehen die Dinge nicht, die ihnen begegnen; und wenn diese ihnen erklärt werden, begreifen sie sie nicht und beharren auf ihren privaten Einsichten.« (DK 22 B 17)
»Die ohne Verständnis hören, gleichen Tauben; das Sprichwort bezeugt von ihnen: ›Anwesend sind sie abwesend.‹« (DK 22 B 34)
»Hunde kläffen an, wen sie nicht kennen.« (DK 22 B 97)
»Der Dummkopf pflegt bei jeder Auslegung den Kopf zu verlieren.« (DK 22 B 87)
»Heraklit war der Ansicht, daß die menschlichen Meinungen Kinderspielzeug seien.« (DK 22 B 70)

Heraklit kritisiert aber nicht nur die lebensweltlichen Unzulänglichkeiten, die sich dem Verstehen des »lógos« in den Weg stellen; die aus dem einmal erkannten Allgemeinen abgeleitete Kritik wird ausgedehnt auf die großen Namen, die philosophierenden Zeitgenossen. Sie leitet damit ins Biographische über. Die Kritik der großen Namen trifft jene Pseudo-Philosophen, deren »Begriff oder Verstand« (»nóos«/»phrēn«) (vgl. DK 22 B 104) ebenfalls den »lógos« verfehlt hat. Auch diese Philosophen gehören der Masse der Unverständigen, im Wachen Träumenden an. Hier wird einmal Homer genannt, der in Sehnsucht nach Harmonie wünschte, jeder Zwiespalt zwischen Göttern und Menschen möge verschwinden (vgl. DK 22 A 22), offensichtlich, weil er nicht um das Grundlegende des im »lógos« selbst wurzelnden Gegensatzes wußte; »Homer«, sagt Heraklit, »verdient es, aus den Wettbewerben hinausgeworfen und verprügelt zu werden« (DK 22 B 42). Aber auch Hesiod, wiewohl Lehrer der meisten, verdiene es nicht, Lehrer zu sein, da auch er in Verkennung des Ineinanders von Einheit/Allgemeinem und Gegensätzlichem »Tag und Nacht nicht kannte: die sind ja doch eins!« (DK 22 B 57) In besonders scharfer Form wendet sich Heraklit jedoch gegen Pythagoras. Dieser, »des Mnesarches Sohn, hat am meisten von allen Menschen Forschung getrieben; und indem er eine Auswahl aus seinen diesbezüglichen Notizen [›syngraphēs‹] vornahm, machte er sich daraus eine eigene Weisheit, Vielwisserei, schlimme Machenschaften [›kakotechníēn‹].« (DK 22 B 129) In einem anderen Fragment heißt es über Pythagoras lapidar: »Pionier [...] der Prahlereien« (DK 22 B 81).

Ungeachtet solcher Invektiven verweist das Denken Heraklits, der zeitlich zwischen Xenophanes und Parmenides anzusiedeln ist – der Höhepunkt seiner Wirksamkeit dürfte um 500 v. Chr. anzusetzen sein –, doch stark auf Pythagoras. Die pythagoreischen Zahlenspekulationen deuten auf den »lógos«, das »klare Verhältnis«, hin.

Buchheim[123], der »lógos« durchgängig mit »Klarheit« übersetzt, kommt zu folgender Einschätzung: »Alles dieses [die Bestandteile der pythagoreischen Lehre] weist den Logos (das ›klare Verhältnis‹) als wahres Fundament der Realität aus: Seele-Zahl-Eigenschaft, diese drei werden zusammengehalten durch das klare Verhältnis. Zahl *gründet* den Logos, Seele *hat* den Logos, Eigenschaft *ist* ein Logos, jedenfalls nach pythagoreischer Auffassung. Man ahnt einen großen Zusammenhang, ohne daß er für uns ein sprechender werden könnte.«

Auch solche Vermutungen haben Relevanz für die Übersetzung der Fragmente, die dann selbst zur Interpretation wird. Mansfeld übersetzt DK 22 B 45, wo es von der Seele heißt, sie habe »bathýn lógon« (wörtlich: einen »tiefen Logos«), mit den Worten: »Der Seele Grenzen kannst du nicht entdecken gehn, auch wenn du jeden denkbaren Weg begehst: so unerschöpflich ist, was sie zu erklären hat [›bathýn lógon échei‹].« Buchheim übersetzt das gleiche Fragment: »Der Seele Grenzmarken könntest du, auf Wanderschaft, nie herausfinden, wärst du auch auf jedem Weg unterwegs: so tiefreichende Klarheit besitzt sie.«

Ist es die Seele (»psyche«) der Pythagoreer, der Heraklit hier den »lógos« zuspricht und die er damit in den Rang eines Transkategorialen, ja Transzendenten erhebt? Jedenfalls läßt ein Vergleich mit der Pythagoreischen Seelen- und Zahlenlehre und der auf beide gegründeten Harmonie – das offenbare Gegenteil zu Heraklits Lehre vom Gegensatz – die Eigenheiten der Logoslehre wie die Kontinuitäten, in denen sie steht, klarer hervortreten.

Bei den Pythagoreern steht der »lógos«, wie wir gesehen haben, für ein mathematisches Verhältnis, eine Gesetzmäßigkeit, deren letzten Grund die Zahlen bzw. die Zahlenverhältnisse ausmachen. Diese Gesetzmäßigkeit ist keine, die wie der Gegensatz Heraklits in den Dingen selbst gründet. Die Dinge drücken ein »An sich« aus und illustrieren, was in den Zahlen grundgelegt ist. Nun kann Pythagoras das Verhältnis von Ding und Zahl nur statisch denken, da es mit den seinerzeit verfügbaren mathematischen Kenntnissen – anders als mit der sehr viel späteren Infinitesimalrechnung – nicht möglich ist, Veränderungen oder »Verflüssigungen« auszudrücken: Die pythagoreische Zahlenlehre nimmt die Gesetzmäßigkeiten des Kosmos als unabänderlich feststehende Wesenheiten wahr, als etwas, das die Erfahrung niemals einholen kann. Die Erfahrung, und darauf reagiert Heraklit in dieser Art von Weiterentwicklung des Pythagoreismus, ist immer nur als Veränderung, als ewiges Fließen gegeben:

»In dieselben Flüsse steigen wir und steigen wir nicht, wir sind und wir sind nicht.« (DK 22 B 49 a)

»Der Weg hinauf und hinab [oder: hin und her] ist ein und derselbe.« (DK 22 B 60)

»Sich wandelnd ruht er aus.« (DK 22 B 84 a)

Die abstrakten Zahlenspekulationen des Pythagoreismus sind mit dem Kreislauf des Werdens – ein »Feststehendes ist nur im Werden« – nicht vereinbar. Man mag darüber spekulieren, ob Heraklits Relativierung des pythagoreischen »lógos« als eines feststehenden Zahlenverhältnisses als Plädoyer für ein empirisches Weltverstehen aufgefaßt werden darf. Wie die Pythagoreer gebraucht Heraklit Termini wie »Maß« und »Harmonie« synonym mit »lógos«, was einen Widerspruch darstellt, denn die Harmonie entsteht aus der Vereinigung der Gegensätze, wobei sich der ewige Weltprozeß (das Entstehen und die stete Auflösung der Vereinigung) nach einem vorgegebenen Maß vollzieht. Hält man aber an den ursprünglichen Bedeutungen von »lógos« fest, ergibt sich eine Vielzahl von Widersprüchen, die auf einer zweiten Ebene durch die primäre Bedeutung von »lógos« als Weltgesetz (Ermöglichung, Grund und letztlich Auflösung des Widerstreits) eingeholt werden. Die Aporie behält also auch hier das letzte Wort.[124]

Gerade die Einordnung Heraklits in vorgegebene Kontinuitäten läßt ihn trotz aller Abhängigkeiten als einen erratischen Block erscheinen, unentschieden zwischen Naturphilosophie und Metaphysik hin und her pendelnd, da der »lógos« in seiner Abstraktheit als »archē« kaum einleuchtet, andererseits aber der Übergang in Richtung eines Transkategorialen nicht gelingt, weil immer wieder das Kategoriale zu mehr als nur seiner Erläuterung herangezogen wird. Letzteres zeigten ja schon die beiden von Sextus Empiricus überlieferten Fragmente.

Weiter oben klang der Gedanke an, der »lógos« würde sozialisiert. Will man die metaphysischen Konnotationen nicht preisgeben, kann diese Aussage nur metaphorisch gemeint sein. In diesem Sinne spricht K. Held[125] von anthropologischen Konsequenzen aus Fragment 1 und 2, wobei die beiden folgenden Fragmente noch hinzugenommen werden:

»Als Unsterbliche sind sie sterblich, als Sterbliche unsterblich: das Leben der Sterblichen ist der Unsterblichen Tod, der Tod der Unsterblichen der Sterblichen Leben.« (DK 22 B 62)

»Dasselbe ist: lebendig und tot und wach und schlafend und jung und alt. Denn dieses ist umschlagend in jenes und jenes umschlagend in dieses.« (DK 22 B 88)

»Anthropologisch« bedeutet in diesem Zusammenhang aber nicht, daß hier Aussagen über das Leben des einzelnen getroffen würden, die nur im Sinne planer Beschreibung oder als weitere Variante des heraklitischen Zusammenfallens der Gegensätze neben anderen erscheinen. Wachen und Leben, Schlaf und Tod stehen für Zustände des Lebens überhaupt, des philosophischen – Heideggers »eigentliches Leben« – und des vorphilosophischen Lebens als einer Möglichkeit, die von den Vielen ergriffen wird, also Aufgeschlossenheit versus Verschlossenheit.[126] Auch hier intendiert Heraklit ein transpersonales Moment: Es geht nicht darum, Heraklit, sondern vielmehr dem »lógos« geneigt zu sein, der eine ganz bestimmte Lebensform involviert, die weit über das Lehrer-Schüler-Verhältnis mit seinen oft sektenhaften Zügen hinausweist und die Menschheit insgesamt geradezu in zwei Gruppen teilt.

So erweist es sich im nachhinein als richtig, unser Kapitel über Heraklit mit dem Hinweis auf die »Dunkelheit« des Werkes dieses Philosophen begonnen zu haben, wobei diese Dunkelheit freilich nicht als Makel zu verstehen ist, sondern vielmehr als Illustration des Grundgegensatzes, von dem das Werk Heraklits spricht. Am Ende des Kapitels soll noch eine biographische Notiz stehen. Dabei stütze ich mich gerne auf die prägnant-brillante Charakterisierung Buchheims, bei dem es heißt:

»Heraklit aus dem Hochadel der ionischen Stadt Ephesos stammend und etwa von 540-480 lebend, muß als großer Asket und schroffer Kritiker seiner Zeit und Heimatstadt angesehen werden, der in Zurückgezogenheit und fast misanthropisch lebte und in schon fortgeschrittenem Alter sein Buch verfaßte, das er anschließend der keuschen und streng gesinnten Artemis in ihrem Tempel weihte. – Ein Buch, das nur für Geeignete, ja Eingeweihte gedacht war, für die ›xýnetoi‹, wie sie im Kreis der orphischen und pythagoreischen Bruderschaften hießen. Allerdings sollte es sich um ›xýnetoi‹ in einem ganz anderen Sinn als bei diesen, besonders den erstgenannten handeln: nämlich um Geeignete für die nüchterne Klarheit des Logos, wie Heraklit ihn zum Vortrag bringen wollte: ›Hört man nicht auf mich, sondern auf die Klarlegung (›lógos‹), so ist es das Zentrum der Weisheit (›sophōn‹), einzustimmen in die Klarheit (›homologeín‹): eins ist alles.‹« [127]

Parmenides von Elea

Die griechische Philosophie kennzeichnet von Anfang an ein Spannungsverhältnis. Auf der einen Seite begegnet uns die Zurückweisung eines mythischen, ja »dämonisierenden« Weltverhaltens, eine Zurückweisung, wie sie schon mehrmals in unserer Darstellung als Conditio sine qua non des rationalen Zugriffs auf die uns umgebende Welt und damit also als Grundbedingung der Philosophie herausgestellt worden ist. Man geht nicht fehl, diesen neuen Zugriff tendenziell »demokratisch« zu nennen, insofern die »archaí« dessen, was ist, nichts Geheimnisvolles mehr jenseits der Welt sein wollen, sondern von jedem erfaßt und verstanden werden können. Sie sind bar jeder Exklusivität. Auf der anderen Seite sind die Weisen, Philosophen, Theoretiker und Wissenschaftler immer noch in gewisser Weise den »Mystagogen« vergleichbar, die nicht nur theoretisch mit der *Vielheit*, sondern auch praktisch mit den *Vielen* nichts im Sinn haben. Unübersehbar spiegelt diese Tendenz die Existenz des Weisen wider; dies belegt die Anekdote über den weltfremden Thales ebenso wie die historisch schillernden Gestalten eines Pythagoras oder Heraklit. Schön kommt jene Spannung in zwei Dikta aus der Zeit der klassischen griechischen Philosophie zum Ausdruck: In der *Politeia* bemerkt Platon im Hinblick auf den vom Philosophenkönig regierten Idealstaat, daß die Menge (die »Vielen«) niemals Philosoph sein werde, während Aristoteles zu Beginn seiner *Metaphysik*, in der er die Prinzipienerkenntnis behandelt, ausdrücklich einräumt, daß *alle* Menschen von Natur aus nach Wissen streben. Freilich kommen beide Positionen überein in der Abwehr jenes zentralen Begriffes, dem bereits der Widerstand der vorsokratischen Philosophen galt, der »dóxa«, der bloßen Meinung: Wenn die Menge niemals Philosoph sein wird, dann deshalb, weil sie der »dóxa« ergeben ist, jener Haltung, die Kant später als die der »selbstverschuldeten Unmündigkeit« bezeichnen sollte, während das Wissen, nach dem laut Aristoteles alle bewußt oder unbewußt streben, über die »dóxa« hinausführt. Pejorativ begegnet uns der Begriff ja bereits bei Heraklit, der in den ersten drei überlieferten Fragmenten die Vielen kritisiert, die glauben, sie könnten eine eigene Meinung haben. Wenn bei den Pythagoreern von einer besonderen Lebensform und dann bei Empedokles geradezu von einem Überstieg über die natürlichen Kräfte des Menschen die Rede ist, bei dem die Philosophie in eine bedenkliche Nähe zur Magie gerät, trifft dies ebenso das Trügerische des Meinens und Glaubens, wie wenn Melissos und Zenon im Anschluß an und zur Verteidigung des Parmenides auf die Irrtumsanfälligkeit und prinzipielle Erkenntnisunfähigkeit des gesunden Menschenverstandes und der natürlichen Einstellung zur Welt abheben. Sie verstärken einen Grundzug, der als Kurzformel der gesamten Seinsphilosophie angesehen werden kann: Philosophie als Theorie des sterblichen Denkens angesichts des ewigen Seins; diese Theorie *über* das sterbliche Denken ist allerdings gerade keine solche *des* sterblichen Denkens.

Die herausragende Stellung des Parmenides unter den vorsokratischen Philosophen wird unter anderem auch daran deutlich, daß ihm Platon einen eigenen Dialog gewidmet hat. Diese Vorzugsstellung rechtfertigt es auch, Parmenides, der zur Gruppe der eleatischen Philosophen zählt, in einem eigenen Kapitel neben seine Antipoden Pythagoras und Heraklit zu stellen. Ähnliches gilt übrigens auch für Empedokles, dessen philosophisches Programm im Anschluß an den Eleatismus gesondert dargestellt werden soll.

Parmenides von Elea, der zwischen 500 und 430 v. Chr. lebte, wird vielfach als Schöpfer der abendländischen Ontologie bezeichnet. Auf ihn berufen sich Empedokles, Anaxagoras und die Atomisten, wenn sie ihre Naturphilosophie im Unterschied zu den Ioniern konzipieren, eine Naturphilosophie, deren Akzent von der Physis auf die philosophische Betrachtung übergeht. Ebenso knüpfen die Sophisten an Parmenides an, wenn sie die Paradoxien des Ontologismus, die im Anschluß an Parmenides von Melissos und Zenon weiter zugespitzt wurden, bis an die Grenzen des Denkbaren steigern. Aber auch der Platonismus ist ohne Parmenides nicht denkbar, man erinnere sich nur an die Lehre Platons über das Gute, das Eine (die Idee) und die unbegrenzte Zweiheit (Bedingung des den Platonischen Idealismus ermöglichenden Dualismus).

Der von Platon dem Parmenides gewidmete Dialog gleichen Namens liefert auch biographische und wirkungsgeschichtliche Aufschlüsse. Den Hintergrund des Dialogs bildet die Überlieferung, daß Parmenides mit seinem Schüler Zenon Athen besucht und dort sein Lehrgedicht vorgetragen habe, ein Besuch, bei dem der noch sehr junge Sokrates mit Parmenides zusammengetroffen und sehr von ihm beeindruckt worden sei. Dieses Zusammentreffen ist freilich ein offensichtliches Konstrukt im Dienste einer Rezeptions- und Wirkungsgeschichte, das einerseits gewissermaßen eine Genealogie begründen soll – wenn Sokrates und damit Platon in einer philosophischen Kontinuität stehen, dann ist es die seins- und nicht die naturphilosophische –, und das andererseits mit der parmenideischen Philosophie jene Folie liefern soll, auf deren Hintergrund sich Einwände gegen Platons eigene Lehre vom Sein verdeutlichen und entkräften lassen. Da die Sokratesgestalt, die in diesem Dialog auf Parmenides trifft, zudem noch sehr jung ist, dürfen wirkliche und vermeintliche Fehler auf Nachsicht rechnen.

Aber auch Parmenides selbst steht in einer philosophischen Kontinuität, womit freilich, wie bereits angedeutet, nicht die ionische Naturphilosophie gemeint sein kann. Aufschluß über diese Kontinuität geben schon die ersten Fragmente aus dem Lehrgedicht, in denen – eine Reminiszenz an Heraklit – vom »lógos« die Rede ist. Dieser wird unmittelbar auf die Lehre vom Sein bezogen, gleichsam als Modus, in dem diese überhaupt in Erscheinung treten kann. Nach Parmenides zeigen sich die Menschen versucht, durch die Annahme von Vielheit und Werden zwischen Sein und Nicht-Sein zu vermitteln und dem Irrtum anheimzufallen – eine Versuchung, die mit jener vergleichbar erscheint, die Heraklit in den ersten drei Fragmenten beschreibt, wenn er den Irrtum geißelt, es könne etwas wie eine »eigene Meinung«, vom »lógos« unterschiedene Logoi geben. Auch bei Parmenides ist es der »lógos«, der Einspruch dagegen erhebt, daß das Nicht-Seiende zum Gegenstand des Denkens und des Sprechens wird, indem er normativ den Rahmen absteckt, innerhalb dessen die Rede vom Sein sinnvoll und möglich ist. So heißt es in der methodologischen Einführung (DK 28 B 2):

»Wohlan, ich werde also vortragen (du aber sollst das Wort, nachdem du es gehört hast, [den Menschen] weitergeben), welche Wege der Untersuchung einzig zu erkennen sind: die erste, daß es ist und daß nicht ist, daß es nicht ist, ist die Bahn der Überzeugung, denn sie richtet sich nach der Wahrheit; die zweite, daß es nicht ist und daß es sich gehört, daß es nicht ist. Dies jedoch ist, wie ich dir zeige, ein völlig unerfahrbarer Pfad: denn es ist ausgeschlossen, daß du etwas erkennst, was nicht ist, oder etwas darüber aussagst: denn solches läßt sich nicht durchführen.«

Wie zu dieser Zeit vielfach üblich, gebraucht Parmenides die Begriffe »lógos« und »mythos« synonym, ein Sprachgebrauch in der vorsokratischen Philosophie und noch bei Parmenides, der die Fraglichkeit der These eines linearen Prozesses »vom Mythos zum Logos« unterstreicht. Man hat allerdings aufgrund der Tatsache, daß das Parmenideische Lehrgedicht von einer Göttin »geoffenbart« wird, auch dem Wort »mythos« einen verborgenen Sinn zu unterstellen versucht, doch dürfte K. Reinhardt [128] recht haben, wenn er schreibt:

»Die ungeheure Kluft, die zwischen diesem Jenseits und dem Diesseits lag, ließ sich nur mit dem Unterschiede zwischen Gott und Mensch vergleichen. War das, was es zu verneinen galt, nichts weniger als die gesamte Welt des Menschen [des Werdens, der Vielheit, des Nicht-Seins], so war es zum mindesten kein überflüssiger und kein schlechter Einfall, das Verdammungsurteil einer Göttin in den Mund zu legen. So betrachtet erscheint die Form der Offenbarung als die natürliche Hülle und Haut für diese radikalste aller Philosophien; sie schmiegt sich leicht und ungezwungen allen ihren Teilen an, und nirgends zeigt sich ein Mißverhältnis oder ein Widerspruch. Doch ist damit zugleich gesagt, daß hier das Mythologische auch nur die äußere Erscheinung bildet, nur als Ausdrucksmittel verwendet, wenn man will, mißbraucht wird, und darum aus eigenem Trieb ein eigenes Leben nicht entfalten kann.«

Mit diesem Verdikt über eine Remythologisierung der parmenideischen Ontologie stellt sich die Frage nach einer weiteren Kontinuität, nach dem Verhältnis der mit dem Namen des Xenophanes verbundenen eleatischen Religionskritik zu Parmenides. Nach

Reinhardt radikalisiert Parmenides diese Kritik, denn Parmenides ist für Reinhardt der vielleicht einzige Denker der griechischen Antike, »den Gott und Gefühl gleichgültig lassen, so sehr, daß es befremden will«[129], während W. Jaeger[130] diesseits einer expliziten philosophischen Theologie bei Parmenides in der philosophischen Schau des reinen Seins auch die »Antwort auf das religiöse Problem, das seine ganze Umwelt bewegt«, eingeschlossen sein läßt; zwar gebe es keine »Gleichsetzung des Seins mit Gott«, aber das, was von diesem reinen Sein ausgesagt werde, vor allem das Ungeworden- und Unvergänglichsein, bewahre Elemente jener Sprache, in der die Griechen über das Göttliche zu sprechen pflegten. Damit drängen sich zwar Fragen einer philosophischen Theologie auf, aber doch eben nur *ex negativo.* Nicht zuletzt die Rezeption des Ontologismus bis in die Gegenwart – darauf wird im Zusammenhang der Zuspitzung Parmenideischer Ontologie durch Melissos von Samos hinzuweisen sein[131] – verweist auf den areligiösen Kontext der abendländischen Ontologie, einer Philosophie, die »jeder religiösen und moralischen Rücksicht bar, von jedem Argumente des Gefühls unabhängig, [ihren] vorgezeichneten Weg im Geiste rücksichtslosester Zergliederung verfolgt«[132]. Im folgenden wollen wir uns den Kerngedanken dieser radikalsten aller Philosophien vergegenwärtigen und knüpfen dabei an das schon mehrfach genannte Proömium des Parmenideischen Lehrgedichts an (DK 28 B 1), das mindestens ebensoviele Übersetzungsmöglichkeiten und Deutungen zuläßt wie die ersten drei Fragmente Heraklits; gleich diesen ist es einer der fundamentalen Texte der abendländischen Philosophie. Es lautet in der Übersetzung Nestles, die zugleich den Versuch einer Nachdichtung darstellt, so:

»Die, sooft es mein Herz nur begehrt, mich führen, die Rosse
Zogen mich hin, nachdem auf den Weg, den berühmten, zur Göttin
Sie mich gebracht, der durchs Dunkel den Kundigen leitet zum Ziele.
Auf ihm fahr' ich dahin: mich trugen die Rosse, die klugen,
Ziehend den Wagen, und Jungfrauen schritten voran auf der Straße.
Oft mit pfeifendem Ton in den Naben knirschte die Achse,
Die von zwei wirbelnden Rädern beflügelt in Glut sich gelaufen,
Wenn bei der Fahrt zum Licht die Sonnenmädchen zur Eile
Drängten, sie, die verlassen des nächtlichen Dunkels Behausung
Und mit der Hand vom Haupte zurück den Schleier geschlagen.
Dort ist ein Tor, zu den Pfaden der Nacht und des Tages der Eingang,
Stehend auf steinerner Schwelle, zusammengehalten vom Türsturz;
Mächtige Flügel bilden die Füllung der strahlenden Pforte.
Dike, die Rächerin, führet dazu die passenden Schlüssel.
An sie wandten sich nun mit freundlichen Worten die Mädchen
Und bewogen sie klug, den verschließenden Riegel vom Tore
Eilends zurückzustoßen. Auf sprang die Pforte und gähnte
Weit sich öffnend, nachdem die erzbeschlagenen Balken
Sich nacheinander gedreht in den Angeln, wo sie befestigt
Waren mit Zapfen und Nägeln. Daraufhin lenkten die Mädchen
Grad' durch die Pforte hindurch auf der Fahrbahn Wagen und Rosse.
Gnädig empfing mich die Göttin und faßte mich selbst bei der Rechten;
Alsdann erhob sie die Stimme und richtete an mich die Worte:
›Sei mir, Jüngling, gegrüßt! In unsterblicher Lenker Geleite
Kamst du in unser Haus, von deinem Gespanne gezogen.
Wahrlich, kein Unglücksstern hat diesen Pfad dir gewiesen,
Der von der Menschen betretener Bahn abseits sich dahinzieht;
Sondern Recht und Gerechtigkeit war's. So höre denn beides:
Abgerundete Wahrheit auf nicht zu erschütterndem Grunde,
Menschlicher Meinungen Wahn, dem fremd des Wahren Gewißheit.
Trotzdem sollst du auch dieses erfahren, wie man der Menschen
Meinungen prüfen muß in alles durchdringender Forschung.
Doch nicht wandle dein Geist auf diesem Wege der Forschung.
Laß nicht in solcherlei Bahn von der Macht der Gewohnheit dich drängen,
Spielen zu lassen den schweifenden Blick und den Schall des Gehöres

Und den Geschmack. Die Vernunft, sie fälle allein die Entscheidung
In der vielumstrittenen Frage, vor die ich dich stelle.
Dann wird nur noch zu einem Weg der Mut dir verbleiben.«

Es folgt der Kern der Offenbarung (DK 28 B 4):

»Schau, wie nun auch was fern dir deutlich nah ist im Geiste,
Denn das Seiende kannst du vom Seienden nimmermehr trennen.
Immer hängt es zusammen, so daß es sich nie aus der Ordnung
Löst, um sich zu zerstreuen und wieder sich dann zu vereinen.
Lückenlos steht mir das Seiende da, und wo ich auch immer
Möge beginnen, dahin werd' ich doch wieder gelangen.
Sein und Denken sich lassen: dies beides ist ein und dasselbe.
Dies zu sagen und denken tut not: Nur Seiendes gibt es,
Aber das Nichts ist nicht. Das bitt' ich dich wohl zu bedenken.
[...]
So ist nur noch die Rede von einem Weg, der uns bleibet:
Daß das Seiende ist.«

Es ist wichtig, sich zu vergegenwärtigen, daß die Sprache der Parmenideischen Philosophie, d.h. die wenn auch nur metaphorische Einkleidung dieser Philosophie in ein Offenbarungsgeschehen, bereits Wesentliches verrät: Die Sprache also ist *propositionalen* Charakters, weder begründend noch argumentativ, sondern in einem eingeschränkten Sinne folgernd. Ihre argumentative Struktur analysieren erst Zenon und Melissos von Samos sowie die Kritik des Gorgias.[133] Die aus dem Lehrgedicht zitierten Stellen enthalten alle Aussagen, die als »Grunddogma« des Parmenideismus bezeichnet werden können: *Das Sein ist; das Nicht-Sein ist nicht und kann weder gedacht noch ausgesprochen werden.* Was bedeutet dieser Satz, wenn er mehr als eine Tautologie sein soll? In der Tradition der milesischen Naturphilosophie geht es Parmenides um ein erstes Prinzip, eine »archē«, die im

Unterschied zu den bis dahin vorliegenden Erklärungsversuchen selbst keiner weiteren Erklärung bedürfen soll. Dies zeigt sich beispielsweise darin, daß Parmenides gegen Ende seines Gedichtes vielerlei mögliche Ursachen des Seins benennt, diese aber trotz aller vordergründigen Plausibilität von der Göttin dem Bereich der »dóxa« zugewiesen werden: Es sind die Theorien des *sterblichen Denkens.* Das Postulat der Erklärungslosigkeit und Nicht-Rückführbarkeit macht diese »archē« zur äußersten Abstraktion und zum Allerallgemeinsten; dieses von den Dingen auszusagen bedeutet, sie auf einen Kern hin zu durchstoßen, im Verhältnis zu dem alle anderen Aussagen über sie, ja zuletzt die Dinge selbst arbiträr werden. Die Dinge in ihrer Vielheit sind auf jene Größe hin zu negieren, so daß eigentlich nur der metaphorische Sprachgebrauch von »Abstraktion« reden kann. Nicht-Rückführbarkeit erfordert Ursprungslosigkeit, Absage an das Gewordensein. Das Seiende ist ein fest in sich selbst eingeschlossenes Eines, war nie anders als jetzt und wird nie anders sein können, wobei dies als eine ontologische, nicht etwa temporale Bestimmung zu verstehen ist, die das Sein von der Struktur eines Übergangs von Vergangenheit in Gegenwart und Zukunft ausnähme. Negiert wird das Gewordensein in der Zeit, denn das Sein als einmal entstanden denken heißt, zugleich zu denken, daß es zu irgendeinem Zeitpunkt einmal nicht war. Was aber nicht geworden ist, unterliegt auch nicht den Gesetzen von Entstehen und Vergehen, so daß die gesuchte »archē« vor allem ungeschaffen und unvergänglich sein muß. Sie muß zugleich alle auf diesem Gegensatz (Vergänglich-Unvergänglich) beruhenden weiteren Gegensätze ausschließen:

»Entweder es ist, oder es ist nicht; und entschieden worden ist ja, den einen Weg als unerkennbar und unbenennbar aufzugeben, da er kein wahrer Weg ist, während es den anderen Weg gibt und dieser auch wirklich stimmt. Wie könnte deshalb Seiendes erst nachher sein, wie könnte es entstehen? Denn weder ist es, wenn es entstanden wäre, noch wenn es künftig einmal sein sollte. Also ist Entstehung ausgelöscht und unerfahrbar Zerstörung.« (DK 28 B 8)

Dieses *»es«*, das *»ist«* und von dem nichts weiter ausgesagt wird, ist das *»Ist«*, das Sein, das alle diesem Begriff widerstreitenden Aussagen, Bestimmungen und Bedingungen ex definitione ausschließt. G. Kafka[134] glaubte, im Hinblick auf diese alle weiteren Bestimmungen ermöglichende Konstruktion des Parmenides von einer frühen Ahnung der späteren idealistischen Identitätsphilosophie sprechen zu können, denn: »Sein ist Gedachtsein, Sein ist aber zugleich Denken, und obwohl das Denken nur in materialistisch-sensualistischer, das Gedachtsein nur in idealistisch-rationalistischer Bedeutung mit dem Sein gleichgesetzt wird, so erscheinen doch gerade infolge dieser Unklarheit Denken und Gedachtsein gewissermaßen nur als zwei ›Attribute‹ derselben Realität.«

Anders als Gorgias folgert Parmenides: Was man nicht denken und nicht vorstellen kann, das kann auch nicht sein. Damit vollzieht sich, was man den Übergang zur Parmenideischen Metaphysik genannt hat. Der für die Vorsokratik unangemessene und auch begriffsgeschichtlich nicht zu rechtfertigende Titel »Metaphysik« erhält hier seine Legitimität daher, daß nur auf diesem Wege ein Problem lösbar wird, von dessen Lösung die ganze Konstruktion des Parmenides abhängt: etwas sprachlich zu formulieren, das sich ex definitione der Sprache entzieht, da Sprache Eintritt in die Vielheit bedeutet, eine Kategorialisierung, die von der primären Bestimmung des all diesem zugrundeliegenden »Transkategorialen«, dem »Ist« – über das ja weiter nichts gesagt werden kann, als daß es *ist* – von vornherein ausgeschlossen wird. Also müssen auch Sprache und Denken diesem »Ist« einbeschrieben werden. Damit rechtfertigt sich der Umkehrschluß, nach dem nur das, was ist, denkbar ist, das Nicht-Seiende aber, weil es nicht ist, nicht einmal gedacht werden kann. So ergeben sich dann die weiteren Prädikate, die vom Sein ausgesagt werden: Es ist nicht nur ungeschaffen und unvergänglich, sondern auch unveränderlich, vollkommen, vollendet, ganz und ausschließlich im Erkennen gegeben:

»Und daß man es erkennt, ist dasselbe wie die Erkenntnis, daß es ist. Denn nicht ohne das Seiende, bezüglich dessen es als Ausgesagtes Bestand hat, wirst du das Erkennen finden. Denn es gibt sonst nichts und wird auch nichts geben außer dem Seienden, weil das Geschick verfügt hat, daß es ganz und unbeweglich/unveränderlich ist. Darum ist alles Name [›nóēma‹, i.e. ›dóxa‹], was die Sterblichen angesetzt haben, im Vertrauen darauf, es sei wahr: Entstehen und Vergehen, Sein und Nichtsein, den Ort wechseln und die leuchtende Farbe ändern.« (DK 28 B 8)

Parmenides selbst versteht diese Textstelle als Zusammenfassung des hinsichtlich des Seins Sagbaren; sie ist »verläßliche Aussage und Begriff« in bezug auf die erkannte und vorgestellte »Wahrheit« (ebenda). An sie schließt sich eine Darstellung der Meinungen der Vielen an, die zu unterschiedlichen Interpretationen Anlaß gegeben hat. Sie reichen von der Annahme, Parmenides habe durch den Mund der Göttin die bis dahin entwickelte Naturphilosophie, Ausdruck des Verlorenseins an das Viele und daher ein Irrweg, widerlegen lassen, über die Vermutung von Konzessionen an die Wahrnehmung und Alltagserfahrung bis hin zu einer angeblichen Skepsis des Parmenides gegenüber den Konsequenzen seines ontologischen Rigorismus.[135] Wenn auch nicht auflösen, so doch mildern läßt sich der Widerspruch zwischen der unverbrüchlichen Wahrheit der Göttin und den sterblichen Meinungen, wenn man die Parmenideische Philosophie auf dem Hintergrund einer dualistischen Struktur rekonstruiert, die streng zwischen Denken und sinnlicher Wahrnehmung unterscheidet.

Während sich das Denken im Raume äußerster Abstraktionen bewegt (freilich mit der Konsequenz, daß das Sein nur im Denken erfahrbar ist, nicht im sinnlichen Umgang mit den seienden Dingen), besitzen unsere Annahmen über die Welt ihrerseits eine logische Kohärenz, die so lange als legitim angesehen werden darf, wie sie sich nicht mit dem Denken verwechselt, oder: solange sie nicht beansprucht, Philosophie zu sein. Entschließt man sich zu dieser Deutung, dann wäre im Lehrgedicht des Parmenides das historisch früheste Dokument einer Unterscheidung zwischen Philosophie und Einzelwissenschaften zu sehen, was insofern zutrifft, als die Kategorien, die Parmenides diesen einzelnen Forschungen an den Gegenständen der gestalthaften Welt zukommen läßt, in unsere Sprechweise übersetzt als »Hypothesen« bezeichnet werden könnten.[136] Auf diesem Hintergrund ergeben dann auch jene Fragmente einen Sinn, die Parmenides selbst als Naturforscher ausweisen und ihm physikalische Einsichten zuschreiben, die über den Erkenntnisstand der Milesier hinausführen:

»Parmenides lehrt, daß die Mischung aus Dichtem und Dünnem die milchähnliche Farbe [der Milchstraße] ergibt.« (DK 48 A 43 a).
»Parmenides lehrt, daß die Sonne und der Mond aus dem Kreise der Milchstraße abgeschieden worden sind, die Sonne aus der dünneren Mischung, d. h. dem Heißen, der Mond aus der dichteren Mischung, die kälter ist.« (DK 28 A 43)
»Der Mond: ein in der Nacht scheinendes, um die Erde irrendes, fremdes Licht, immer äugelnd nach den Strahlen der Sonne.« (DK 28 B 14/15)
»Er sagt, daß die Erde entstanden ist durch das Herabsinken des Dichten.« (DK 28 A 22)

Die Eleaten

Xenophanes von Kolophon

Bei keinem anderen vorsokratischen Philosophen ist das Verfahren der »Rückübertragung« so oft angewandt worden wie bei Xenophanes; bei keinem anderen hat es sich auch so offensichtlich angeboten, obwohl es kaum gerechtfertigt sein dürfte. Was ist mit diesem Verfahren gemeint?

Die Geschichte der Philosophie ist weniger eine Abfolge großer Gestalten, Persönlichkeiten, groß, weil durch sie eine evidente, nicht etwa von ihnen hervorzubringende Wahrheit ans Licht gerückt würde, und zwar von großem Denker zu großem Denker mehr, so daß der letzte in der Reihe dieser Großen (Hegel hat sich zum Beispiel so verstanden) das Ganze der Wahrheit ans Licht brächte und die Dinge dann so vor uns lägen, wie sie an sich sind; die Geschichte der Philosophie stellt sich vielmehr als die fortwährende, niemals abgeschlossene Arbeit an bestimmten Begriffen dar, die Umfang und Bedeutung in diesem Arbeitsprozeß schrittweise verändern, so daß der Erkenntnisfortschritt einmal in der fortschreitend anwachsenden Dichte und Komplexität der Begriffe, zum anderen in der Verabschiedung bedeutungslos gewordener Inhalte zu sehen ist. Was dies im einzelnen und in bezug auf die jeweils für die Philosophie konstitutiven Begriffe bedeutet, kann ein Blick in das von J. Ritter initiierte *Historische Wörterbuch der Philosophie* zeigen. Von einer Rückübertragung aber ist immer dann zu sprechen, wenn ein historisch späterer Begriffsinhalt und Bedeutungsumfang mit einem früheren derart verschmolzen wird, daß beide unbesehen gleichwertig gebraucht und so Assoziationen geweckt werden, die das historische Moment negieren und eine zeitlose Identität vorspiegeln, beispielsweise in der Gestalt der sogenannten »philosophia perennis«. Ein instruktives Beispiel für eine solche Rückübertragung ist der

Begriff der Theodizee.[137] Dieses von G. W. Leibniz in einer bestimmten ideengeschichtlichen Situation unter einer bestimmten sachlichen Voraussetzung, nämlich der Kohärenz von Rationalismus und christlicher Theologie, konstruierte Verfahren zur Erklärung des Leidens und des Bösen im Sinne der Gerichtsprozeßanalogie wird dann in vielfältiger Weise zurück und nach vorne ausgedehnt auf jede mögliche und historisch faktisch gegebene Antwort auf die Frage »Unde malum?«, so daß nicht nur die genuine Prämisse, die Leibniz zu seinem Konstrukt veranlaßte, untergeht, sondern der Begriff selbst inhaltsleer und bedeutungslos wird. Weitere Begriffe, die durch solche Rückübertragung nichtssagend werden, sind die Begriffe der Aufklärung und – damit zusammenhängend – der Religionskritik. Damit sind wir bei Xenophanes, dessen radikale Kritik am Gottesbild seiner Zeitgenossen vielfach mit der Religionskritik der Aufklärung des 18. Jahrhunderts in eins gesetzt wird, während es hier doch »zumindest gleichgültig« war, »welche Vorstellungen der Einzelne vom Wesen der jeweiligen Götter hegte«[138]. Es fehlt gerade in volkstümlicheren Darstellungen nicht an Bestrebungen, Parallelen zu konstruieren, die sich dann etwa mit dem Namen L. Feuerbachs verbinden. Nach Heuser[139] beispielsweise lösen sich

»in der Lauge des Xenophanes [...] die olympischen Prachtgestalten vollends auf. Dabei ist diese Lauge [...] recht harmlos, sie heißt ›vergleichende Anthropologie‹. Die Aufklärung des 18. Jahrhunderts hat sie noch einmal mit verheerender Wirkung über die etablierte Religion ausgegossen. [...] Xenophanes hat aus dem Feuerbachschen Satz, der sein eigener war, eine andere Konsequenz gezogen als Marx, freilich eine nicht weniger radikale [...]. In einer Art negativer Theologie reinigt er seinen Gott von allen Menschen- und Erdenanteilen. [...] Xenophanes hat das mosaische Gebot, sich von Gott kein Bildnis und Gleichnis zu machen, nicht gekannt und doch viel ernster genommen als die Maler der Renaissance und ihre kirchlichen Mäzene.«

Historisch wissen wir sehr viel weniger über Xenophanes, als solch weitreichende spekulative Rückübertragung glauben machen will. Xenophanes dürfte um 570 v. Chr. geboren worden sein (DK 21 A 1). Anderes, was über sein Leben berichtet wird, ist noch unsicherer.[140] Ähnliches gilt in bezug auf seine Lehre. Dazu trägt nicht wenig bei, daß Xenophanes nicht wie andere vorsokratische Philosophen sein Leben als Wissenschaftler oder Forscher verbringen konnte, sondern seinen Lebensunterhalt als Rhapsode, d.h. durch den Vortrag eigener oder fremder Dichtungen, verdienen mußte. Er war ein fahrender Sänger, angewiesen auf die Gunst der Stunde und ein unterhaltungswilliges Publikum. G. Kafka[141] schreibt sogar,

»daß seine philosophischen Lehren somit nur den Niederschlag seiner allgemeinen poetischen Weltanschauung bilden. Es ist daher nicht mit Unrecht bezweifelt worden, ob Xenophanes überhaupt eine zusammenfassende Darstellung seiner philosophischen Lehren gegeben habe oder ob die uns erhaltenen Fragmente nur Sentenzen darstellen, die verschiedenen seiner poetischen Werke entnommen wurden. So ist also Xenophanes in erster Linie Dichter, nicht Denker, ja die Eigenart seines Denkes folgt aus der Eigenart seiner dichterischen Überzeugung.«

Unter diesem Vorbehalt stehen auch die religionskritischen Äußerungen Xenophanes', seine am weitesten reichende geistige Hinterlassenschaft:

»Homer und Hesiod haben die Götter mit allem belastet, was bei Menschen übelgenommen und getadelt wird: stehlen und ehebrechen und einander betrügen.« (DK 21 B 11)
»Die Äthiopier behaupten, ihre Götter seien stumpfnasig und schwarz, die Thraker, blauäugig und blond.« (DK 21 B 16)
»Wenn aber die Rinder und Pferde und Löwen Hände hätten und mit diesen Händen malen könnten und Bildwerke schaffen wie Menschen, so

würden die Pferde die Götter abbilden und malen in der Gestalt von Pferden, die Rinder in der von Rindern, und sie würden solche Statuen meißeln, ihrer eigenen Körpergestalt entsprechend.« (DK 21 B 15)

»Die Götter haben den Menschen durchaus nicht gleich am Anfang alles enthüllt, sondern im Lauf der Zeit suchen und finden sie Besseres hinzu.« (DK 21 B 18)

»Ein einziger Gott ist unter Göttern und Menschen der größte, weder dem Körper noch der Einsicht der sterblichen Menschen gleich.« (DK 21 B 23)

»Als ganzer sieht er, als ganzer versteht er, als ganzer hört er.« (DK 21 B 24)

»Immer verbleibt er am selben Ort, ohne irgendwelche Bewegung, denn es geziemt sich für ihn nicht, bald hierhin, bald dorthin zu gehen, um seine Ziele zu erreichen.« (DK 21 B 26)

»Sondern ohne Anstrengung des Geistes lenkt er alles mit seinem Bewußtsein.« (DK 21 B 25)

»Klares hat freilich kein Mensch gesehen, und es wird auch keinen geben, der es gesehen hat hinsichtlich der Götter und aller Dinge, die ich erkläre. Denn sogar wenn es einem in außerordentlichem Maße gelungen wäre, Vollkommenes zu sagen, würde er sich dessen trotzdem nicht bewußt sein: bei allen Dingen gibt es nur Annahme.« (DK 21 B 34)

»Hätte Gott nicht den gelblichen Honig entstehen lassen, man würde meinen, die Feige sei noch süßer.« (DK 21 B 38)

Als der gemeinsame Nenner dieser Fragmente kann die moralische Kritik am Mythos gelten, eine Ergänzung der wissenschaftlich motivierten Mythenkritik, wie sie in beispielhafter Weise aus den Erklärungsversuchen der milesischen Naturphilosophie spricht. Die moralische Kritik am Mythos präzisiert wichtige Einsichten der physikalischen Mythenkritik, widerruft aber auch andere, so daß sich schon hier, wenn auch nur im Vorfeld, die Frage aufdrängt, ob letzteres nicht den Preis einer philosophischen Theologie oder Religionsphilosophie darstellt. Zwar stehen die kosmologischen Aussagen des Xenophanes ebenfalls im Dienste einer Kritik an der Volksreligion, aber sie münden in

Vorstellungen, die den Physikern aus Milet als barer Dilettantismus erschienen sein dürften. So verhöhnte Empedokles ihn als »Schwätzer beim Gelage«, und wie Heraklit über Xenophanes dachte, wurde bereits gesagt. Diesem »Dilettantismus« sind Versuche zuzuordnen, alle Himmelserscheinungen auf Wolken zurückzuführen, die Unendlichkeit der Erdoberfläche zu behaupten sowie eine Vielzahl von Sonnen anzunehmen, die in geradliniger Bahn aufeinander folgen. So behauptet Xenophanes, »›die Sonne sei nützlich für die Entstehung und Erhaltung der Welt, aber der Mond sei überflüssig. Die Sonne, die über uns hinweggezogen ist, fällt schließlich in unbewohnten Gegenden in irgendein Loch [...].‹ All diese Geschichten sind nützlich im Dienste der Zerstörung der traditionellen Mythologie, seriöse ›Physik‹ aber sind sie nicht.« [142] Es muß offen bleiben, ob Xenophanes in Fragen der Naturphilosophie im großen und ganzen den von Thales, Anaximander und Anaximenes erarbeiteten Erkenntnisstand repräsentiert oder dahinter zurückfällt. Zumindest scheint er die Nötigung, alles auf eine bestimmte »archē« zurückzuführen, in dieser Weise nicht empfunden zu haben. Die Wolken, von denen Xenophanes immer dann spricht, wenn es Naturphänomene zu erklären gilt, lassen sich nur in einem abgeleiteten Sinne als »archē« bezeichnen, so etwa wenn die Gestirne als glühende Wolken interpretiert oder hinter der Vielzahl der Sonnen Wolkenbildungen vermutet werden:

»Xenophanes [sagt], der Blitz entstehe, indem eine Wolke infolge ihrer Bewegung aufleuchtet.« (DK 21 A 45)

»Xenophanes [sagt], alle diese Erscheinungen (Kometen, Meteore und dergleichen mehr) seien Konzentrationen oder Bewegungen von zu Feuer gewordenen Wolken.« (DK 21 A 44)

»Was sie Iris [d. h. ›Götterbotin‹ bzw. ›Regenbogen‹] nennen, auch das ist eine Wolke, und zwar eine, die purpurn, hellrot und gelbgrün aussieht.« (DK 21 B 32)

»Das Meer ist Quelle des Wassers, Quelle des Windes. Denn in den Wolken würde weder die Kraft des Windes, der von innen herausbläst, entstehen ohne das große Meer, noch die Ströme der Flüsse, noch des Aithers Regenwasser; nein, das große Meer ist der Vater von Wolken, Winden und Flüssen.« (DK 21 B 30)

Vor allem das zuletzt angeführte Fragment belegt nun aber auch deutlich die Abhängigkeit von Thales, wird doch das Wasser gleichsam als eine »archē« hinter der »archē« angeführt. Wenn freilich alles durch Wolken Bedingte, sogar die Sonne und die Gestirne, auf das Wasser bezogen wird, so daß am Ende eine in sich widersprüchliche »Wasser- und Wolkenkosmologie« [143] steht, dann bleibt zu vermuten, daß das Interesse des Xenophanes nur vordergründig den Naturphänomenen gegolten hat. Ihre Erklärung war nicht Selbstzweck; sie wurde mit Blick auf dasjenige in Dienst genommen, was verkürzt sein Entmythologisierungsprogramm genannt werden mag: eine Reduktion der göttlichen Kräfte und Mächte des Mythos auf so oder anders zu erklärende Naturphänomene. Xenophanes bereitet einem philosophischen Gottesverständnis den Weg, das allerdings zu Lasten der Stringenz philosophischer Aussagen geht, denn »im Gegensatz zu den Philosophen hat Xenophanes [...] nicht angegeben, wie die von ihm beschriebenen natürlichen Prozesse aus sich selbst heraus erklärt werden können. Dafür hat er aber von einem einzigen Gott gesprochen, der alles, was geschieht, bewirken soll.« [144] O. Gigon vertritt die These, die naturphilosophischen Aussagen seien dem frühen, unter milesischen Einfluß stehenden Xenophanes zuzuordnen. Als dieser später in Süditalien unter dem Einfluß des Pythagoras in den Bann einer Philosophie gerät, die das Göttliche zum Zentrum des Nachdenkens macht, komme es zu einer Unausgewogenheit zwischen den frühen naturphilosophischen und den späteren theologischen Interessen, die an sich ja auch unvereinbar seien. [145]

Der eine Gott, von dem Xenophanes spricht, ist, wie wir aus der philosophischen Tradition vor allem seit Aristoteles wissen, allgegenwärtig und allmächtig, also Subjekt jener Gottesprädikationen, die bereits am Ende der klassischen griechischen Philosophie fraglich werden und Schatten auf das vorauswerfen, was die abendländische Philosophie und Theologie als Theodizeefrage beschäftigen wird. Es ist Epikur, der in unüberbietbarer Prägnanz die Aporien auf den Begriff bringt, in die jene Erklärungen des Leidens und des Bösen hineinführen, die zugleich beanspruchen, die Gottheit von den entsprechenden Verantwortlichkeiten zu entlasten:

»Entweder will Gott die Übel beseitigen und kann es nicht, oder er kann es und will es nicht, oder er kann es nicht und er will es nicht, oder er kann es und will es. Wenn er nun will und nicht kann, so ist er schwach, was auf Gott nicht zutrifft. Wenn er kann und nicht will, dann ist er mißgünstig, was ebenfalls Gott fremd ist. Wenn er nicht will und nicht kann, dann ist er sowohl mißgünstig wie auch schwach und dann auch nicht Gott. Wenn er aber will und kann, was allein sich für Gott ziemt, woher kommen dann die Übel und warum nimmt er sie nicht weg?« [146]

Bis an diese Grenze ist Xenophanes nicht vorgedrungen. Aber er sieht als erster in der Bewegungslosigkeit das entscheidende göttliche Attribut: »Immer verbleibt er am selben Ort« (DK 21 B 26). Gleichzeitig verleiht Xenophanes als erster einer erkenntnistheoretischen Skepsis Ausdruck, die auch vor dem Erkannten nicht haltmacht: »Klares freilich hat kein Mensch gesehen, und es wird auch keinen geben, der es gesehen hat hinsichtlich der Götter und aller Dinge, die ich erkläre. Denn sogar wenn es einem in außerordentlichem Maße gelungen wäre, Vollkommenes zu sagen, würde er sich dessen trotzdem nicht bewußt sein: bei allen Dingen gibt es nur Annahme.« (DK 21 B 94)

Mit Xenophanes bleibt die philosophische Theologie dem

Wort »theós« (»Gott«) verpflichtet, einer ursprünglich dem Mythos entlehnten Größe: » ... da von alters her alle von Homer gelernt haben ...« (DK 21 B 10).

Auf dem skizzierten Hintergrund ist die vermeintliche Anthropomorphismuskritik im Sinne Feuerbachs eher der Versuch einer Transformation der »theoí« des Mythos in Richtung des philosophischen Begriffs des »theíon« (»des Göttlichen«). Sie läßt sich nur antithetisch zum überlieferten Mythos vollziehen. Aristoteles, der sich sonst eher abfällig über Xenophanes geäußert hat, meint daher sogar, der Gott des Xenophanes dürfte im Sinne des »Einen« (»to hen«) verstanden werden (vgl. DK 21 A 30).

Versteht man Xenophanes so, wie ihn Aristoteles verstanden hat, wird die Diskrepanz zu den frühen naturphilosophischen Aussagen noch größer. Diese Diskrepanz verweist auf ein philologisches Problem, das man mit der Unterscheidung zwischen einem Xenophanes I und einem Xenophanes II zu lösen versucht hat. Xenophanes I wäre der Wolkentheoretiker und Anthropomorphismuskritiker, während Xenophanes II als der Autor eines Werkes anzusehen wäre, von dem in der Schrift *Über Melissos, Xenophanes und Gorgias* berichtet wird, die unter dem Namen des Aristoteles überliefert ist, aber wohl aus der Kaiserzeit stammt; sie dürfte sich aber auf eine verlorengegangene Aristotelische Schrift beziehen. Dieses Werk des Xenophanes entwickelt eine an Zenon orientierte »dialektische Theologie«, von der her die an das »hen« gemahnende Sicht des »theíon« erst einsichtig wird.[147] Die Theologie von Xenophanes II arbeitet mit Begriffen wie Endlichkeit/Unendlichkeit und Bewegtheit/Unbewegtheit, um jenseits dieser einander ausschließenden Alternativen ein »Eines« zu erweisen; kritisch bleibt einzuwenden, daß man dieses »Jenseits«, faßt man es nicht im Sinne einer negativen Theologie, die von Gott immer nur sagen zu können glaubt, was er *nicht* ist, nicht nur als »Gottesbeweis«, sondern auch als das genaue Gegenteil eines solchen verstehen kann. So wie Aristoteles diese Theologie wiedergibt [148], kann Gott weder endlich noch unendlich sein, da nur das Nichtseiende unendlich ist, das weder Anfang noch Ende noch Mitte noch sonst irgend etwas hat. Das Seiende wiederum kann nicht wie das Nichtseiende beschaffen sein, denn wenn es Vieles ist, grenzt es aneinander. Das Eine gleicht jedoch weder dem Nichtseienden noch dem Vielen, und es hat nichts, woran es grenzen könnte. Folglich bewegt sich, was zwei oder mehr ist, und ruht, was nicht ist. Das Eine aber ruht weder, noch bewegt es sich. Versteht man diese Sätze nicht im Sinne der negativen Theologie, werden sie sofort sinnlos. Abstrus wird eine solche Theologie schließlich, wenn sie die Kugelförmigkeit der Gottheit lehrt. [149] Es mag daher angemessen sein, noch einmal dem *kritischen* Xenophanes das Wort zu erteilen, um abschließend die Motive und Auswirkungen dieser Kritik gewichten zu können.

Des Xenophanes Auseinandersetzung mit den Mythen Homers ist die vielleicht erste Spielart einer kritischen Bezugnahme auf die Religion unter moralischen Kriterien. Dieser Kritik wird die Religion zur »fabula ficta« [150]. Die religionskritischen Argumente, die bei Xenophanes, bei Heraklit (vgl. DK 22 B 5, B 15 und B 69) und dann vor allem bei Platon laut werden, kulminieren in dem Vorwurf, die religiösen Überlieferungen seien Erfindungen der Ahnen, so daß sich in dem, was über die Götter berichtet werde, ursprüngliche Gotteserfahrung und menschliche Erfindung vermischten. Hinzu tritt der Gedanke, daß auch die fortschreitende Zeit Neues und anderes an Aufschlüssen über die Götter bereithalte (vgl. DK 21 B 18). Sobald nun aber das Moment menschlichen Findens und Erfindens in die Gottesrede Einzug hält und die Religion als »fabula ficta« erscheint, wird die Religion zur willkürlich erfundenen Menschenrede, die auch anders lauten könnte. Selbst der, der von ihrem Wert überzeugt ist, kann ihr nur noch menschliche Autorität zugestehen.

Für Xenophanes resultiert diese bloß menschliche Autorität vor allem aus dem, was hier »vergleichende Religionsphänomenologie« heißen könnte: »Die Äthiopier behaupten, ihre Götter seien stumpfnasig und schwarz, die Thraker, blauäugig und blond.« (DK 21 B 16) Diese Überwindung einer rein innerreligiösen Religionskritik, die aus dem Vergleich der unterschiedlichen Ausgestaltungen der Gottesvorstellungen folgt, führt zu einer veränderten Fragestellung, der Suche nach den Motiven und Zwecken, die die Religionsbildung leiten, die der anderen religionskritischen Fragestellung, der Frage nach »wahr« oder »falsch«, übergeordnet ist. Dabei mag das Ergebnis durchaus eine Instrumentalisierung der Religion enthalten: Wenn die »Mythenerfinder« bestimmte Interessen mit der Religion verbinden, dann ist dieses Modell auch auf die Philosophen und Staatsmänner zu übertragen, die ihrerseits nach tauglicheren Zwecken fragen mögen.

Auf diesem Hintergrund stellt sich dann allerdings die Frage nach der Berechtigung eines Urteils wie desjenigen W. Jaegers [151], nach dem die vorsokratischen Philosophen die ersten Schöpfer einer philosophischen Theologie gewesen seien. Beantworten läßt sie sich nur durch den Blick über Xenophanes hinaus, läßt doch gerade die offensichtliche Unzulänglichkeit seiner »dialektischen Theologie« nach den übergeordneten Entwicklungslinien fragen, in die auch die anderen vorsokratischen Philosophen einzubeziehen sind.

Der Xenophanes zeitlich wie schulmäßig am nächsten stehende Parmenides bringt Mythologie und Philosophie in der Weise zusammen, daß er sein Lehrgedicht, das von einem eigentlichen, an sich seienden Sein spricht, unvergänglich und ewig, nicht dem Werden und Vergehen unterworfen [152], als Offenbarung der Göttin entgegennimmt, so als fordere der Mythos selbst seine Überführung in eine Sprache, die dem Wesentlichen angemessener ist: Der Mythos, an ein Ende gekommen, forciert gewissermaßen die Entmythisierung. Diese Paradoxie dürfte – jeweils in einem veränderten Zusammenhang aufgenommen und unterschiedlich akzentuiert – den Grundzug der frühen philosophischen Theologie bilden, einer Theologie, die mit dem »entgötternden«, alles auf überprüfbare »archaí« rückführenden Thales gleichzeitig sagen kann, alles sei »voll von Göttern« (vgl. DK 11 A 22). Das Göttliche ist im Wirklichen anwesend und doch verborgen, etwa so, wie der Atem (und über ihn der Geist) im Körperlichen anwesend und doch etwas von ihm Verschiedenes ist – dergestalt ließe sich jedenfalls mit Anaxagoras die Bestimmung des »nous« auf die gesuchte paradoxe Grundstruktur übertragen: »Anaxagoras sagt, [...] er [der Geist] verfüge über die absolute Gewalt, sei mit nichts vermischt und ordne die Dinge an, indem er durch sie alle hindurchgehe.« (DK 59 A 55) Und andererseits: »In jedem – ausgenommen im Geist – ist ein Anteil von jedem; es gibt aber auch Dinge, in denen Geist ist [...]. Alles andere hat in Betreff eines Anteils teil an jedem, der Geist aber ist etwas, das unendlich und sich selbst bestimmend ist, und er ist mit nichts in Mischung verbunden.« (DK 59 B 11/B 12)

Auch die dualistisch zerrissene Wirklichkeit bei Empedokles verweist auf einen göttlichen Grund, der ausschließlich in dieser Gegensätzlichkeit erfahren werden kann, denn gerade die die Elemente mischenden und entmischenden Kräfte, Liebe und Haß, heißen »Götter«: So wurden »alle Glieder des Gottes [...], eins ums andere, erschüttert« (DK 31 B 31). Einerseits ist das Göttliche entrückt, denn man kann es »sich nicht nahebringen als unseren Augen erreichbar oder mit Händen fassen« (DK 31 B 133), andererseits ist ein längeres Fragment überliefert, in dem Empedokles sagt, »was Gott ist«:

»Nicht zeigt er sich in auffälliger Weise an seinen Gliedern mit einem menschlichen Haupte versehen, nicht entspringen seinem Rücken zwei Äste; keine Füße, keine schnellen Knie, keine behaarten Schamglieder – nein, es war einzig und allein ein heiliger, unbeschreiblicher Sinn, der das ganze schöne Gebilde mit schnellen Gedanken durchdrang.« (DK 34 B 134)

Die philosophisch-theologischen Paradoxien, die bei Heraklit dann in noch vollendeterer Weise zutage treten, scheinen an Thales' Überzeugung von der Omnipräsenz des Göttlichen, das sich jedem identifizierenden Zugriff entzieht, anzuknüpfen, da er, »wie erzählt wird, [...] zu den Fremden sagte, die bei ihm ihre Aufwartung machen wollten und stehenblieben, als sie auf ihn zugingen und sahen, daß er sich am Küchenofen wärmte – er bat sie nämlich, ohne Scheu einzutreten, denn auch an diesem Ort seien Götter.« (DK 22 A 91)

Zwar finden sich in den Fragmenten durchaus auch Würdigungen der überlieferten Vorstellungen und Bräuche, aber der kritische Ton überwiegt, denn »wem prophezeit Heraklit aus Ephesos? Den in der Nacht Umherwandernden, Magiern (Zauberern), Bakchen, Mänaden, Mysten droht er mit den Dingen nach dem Tode, prophezeit er das Feuer; denn die bei den Menschen geltenden Mysterien werden in unheiliger Weise begangen.« (DK 22 B 14)

In Heraklits »philosophischer Theologie« im engeren Sinne ist dagegen vor allem eine bestimmte Ausprägung der im »lógos« wurzelnden Lehre vom Gegensatz zu sehen. Der Gott wirkt in den Gegensätzen, ja durch diese hindurch, ohne daß nähere Rückprojektionen hinter diese Medien seines Wirkens möglich wären: »Der Gott ist Tag-Nacht, Winter-Sommer, Krieg-Frieden, Sättigung-Hunger – alle Gegensätze, das ist die Bedeutung –; er wandelt sich, genau wie Feuer, wenn es sich mit Duftstoffen verbindet, nach dem angenehmen Eindruck eines jeden [der Duftstoffe] benannt wird.« (DK 22 B 67)

An Xenophanes' Religionsphänomenologie erinnernd, ergänzt Heraklit diese (in den Gegensätzen gründenden) Bestimmungen durch solche, die das Vorläufige und Metaphorische der menschlichen Gottesrede zum Ausdruck bringen [153] und auf ein Ineinander von Mythos und Logos verweisen, das vielleicht erst beim Platonischen Sokrates bewußt eingesetzt wird. Mythen erzählt Sokrates dort, wo der Logos an sein Ende kommt, und zwar nicht im Sinne einer Fortsetzung der Philosophie mit anderen Mitteln, sondern um darzustellen, was anders nicht gesagt werden kann, und – wie zum Beispiel bei den Mythen über das Totengericht und vom Jenseits [154] — um gerade in diesem »Sagen« auf das Paradox des anderen zu verweisen.

Melissos von Samos

Melissos von Samos gilt als Autor eines nur noch in wenigen Fragmenten erhaltenen Buches, dessen Titel *Über die Natur oder über das Seiende* gelautet haben soll. Der Titel stellt ihn sowohl in die Tradition der milesischen Naturphilosophie wie in die des Parmenideischen Seinsdenkens, und obwohl viele Darstellungen der Vorsokratik Melissos nicht erwähnen oder lediglich als Appendix zu Parmenides behandeln, verdient er aus mehreren Gründen unser Interesse. Da ist zunächst einmal das biographische Moment, das sozialgeschichtliche Rückschlüsse zur gesellschaftlichen Umwelt der vorsokratischen Philosophie vermittelt: Es begegnet uns hier nicht ausschließlich der weltabgewandte Forscher, der – wie Thales – nur hin und wieder, gleichsam um die Kraft seines Wissens unter Beweis zu stellen, Proben der »Weltklugheit« ablegt. Melissos war, wie Plutarch berichtet (vgl. DK 30 A 3), Flottenkommandeur in Samos und Anführer im Krieg gegen die Athener: »Sie nahmen so viele Athener gefangen und zerstörten derart viele Schiffe, daß sie die Seehoheit hatten und von dem, was zur Kriegsführung nötig ist, so viel opferten, wie sie bis dahin noch nie besessen hatten. Von Melissos wurde, wie Aristoteles sagt, in einer früheren Seeschlacht auch Perikles selbst geschlagen.« Eine Datierung läßt sich nur ungenau vornehmen; ebenso umstritten ist, ob der etwa gleichaltrige Anaxagoras ein Schüler des Melissos gewesen ist.

Bei der Interpretation der überlieferten Fragmente geht die Meinung vielfach dahin, Melissos habe die Lehre des Parmenides in einigen Punkten präzisiert, sei im übrigen aber Anhänger des Parmenideischen Seinsdenkens gewesen. Allerdings hat er – und das verleiht ihm Bedeutung über die Antike hinaus – die Philosophie des Parmenides in einem wesentlichen Punkt verändert, auch wenn er die Lösung, die sich aus dieser Veränderung ergibt, noch nicht gefunden hat.

Melissos setzt mit dem Paradox ein, daß das Seiende seinem Begriff nach immer das war, was es ist, und dies immer sein wird. Es ist also ungeworden, denn wäre es geworden, wäre es vorher nichts gewesen, was seinem Begriff widerspricht: Wäre es nichts gewesen, hätte nie etwas entstehen können. Verhält es sich aber so, woher kommen dann unsere Vorstellungen von einem Entstehen und einem Vergehen? Diese Frage läßt sich nur auflösen, wenn man in die Destruktion des gesunden Menschenverstandes einwilligt, also beginnt, der Verläßlichkeit der Sinne zu mißtrauen. Denn entweder man akzeptiert die Prämisse des Melissos von der Einheit des Seienden – dann aber kann es die sinnenfällige Vielheit in Wirklichkeit nicht geben –, oder man läßt sich bedingungslos auf die Empirie ein, was wiederum hieße, daß die Dinge nicht von der Art sein können, wie sie Melissos in Übereinkunft mit der Logik darlegt. Entsprechend heißt es in dem von Simplikios überlieferten achten Fragment[155]:

»Wenn nämlich Erde und Wasser, Luft und Feuer, Eisen und Gold *ist*, wenn das eine lebendig und das andere tot ist und wenn es Schwarz und

Weiß und all das andere gibt, wovon die Menschen sagen, daß es wahr sei, – wenn all dies also ist und wenn wir richtig sehen und hören, dann muß ein jedes gerade so beschaffen sein, wie es uns beim ersten Mal erschienen, und darf es nicht umschlagen oder anders werden; vielmehr muß ein jedes immerdar sein, wie es gerade ist. Nun behaupten wir in der Tat, richtig zu sehen, zu hören und zu verstehen; jedoch scheint uns das Warme kalt zu werden und das Kalte warm, das Harte weich und das Weiche hart; ferner scheint das Lebendige einerseits zu sterben und andererseits aus etwas hervorzugehen, was nicht lebt; und all dies scheint sich zu ändern und nichts, was ehedem war und was jetzt ist, einander gleich zu sein; vielmehr scheint das Eisen, obwohl es hart ist, wenn ein Finger damit in Berührung kommt, sich durch diesen abzureiben, desgleichen Gold und Stein und anderes, was alles hart und fest zu sein scheint, und Erde und Stein scheinen aus Wasser zu entstehen. Das stimmt also nicht miteinander überein. Denn obwohl wir sagten, daß es eine Vielzahl von Dingen gebe, die ewig seien und Formen und Festigkeit besäßen, scheint sich uns alles zu ändern [...]. Somit ist klar, daß wir nicht richtig sehen und daß jene Dinge uns nicht mit Recht viele zu sein scheinen; sie würden nämlich nicht umschlagen, wenn sie wirklich existieren würden; vielmehr wäre jedes Ding gerade so, wie es zuvor erschien. Denn nichts ist stärker als das, was wahrhaft ist.«

Damit ist nicht nur gesagt, daß das wahrhaft Seiende für unsere Sinne unfaßbar ist; es bedeutet auch, daß Melissos mit seinen Mitteln bis zu einem gewissen Grade vorwegnimmt, was wir seit Kants *Kritik der reinen Vernunft* als den phänomenalen Charakter aller Erfahrungen wie aller Gegenstände der Erfahrung in der sinnlichen Welt bezeichnen. Kants Begriff des »noúmenon« fände sein Äquivalent in der These des Melissos von der Unkörperlichkeit des Seins, die ihn ebenfalls über Parmenides hinausführt und zu der noch einiges zu sagen sein wird. Daß die hier vollzogene Destruktion des gesunden Menschenverstandes unvollständig und letztlich aporetisch bleibt, hängt damit zusammen, daß bei Melissos im Gegensatz zu Kant Raum und Zeit nicht eigens in den Blick geraten. Wenn Kant sagt, daß die von uns erkannten Gegenstände notwendig bloße Phänomene und kein »An sich« darstellen, dann beruht dies darauf, daß unsere Erkenntnis den Anschauungsformen, d.h. den Bedingungen von Raum und Zeit unterliegt. Auf diesem Hintergrund ist es nicht mehr nötig, die alltägliche empirische Erfahrung als eine Art optischer Täuschung zu behandeln; denn so, wie sie sich vollzieht, vollzieht sie sich notwendig in Übereinstimmung mit den Bedingungen des empirischen Verstandes. Es ist nicht so sehr die Leugnung bzw. Nichtwahrnehmung des räumlichen – ihm trägt Melissos mit der Zurückweisung der Körperlichkeit des Seins Rechnung – als vielmehr des zeitlichen Aspekts der Erkenntnis, die der These des Melissos die Starrheit des »Wider den Augenschein« verleiht, wie selbst noch gegenwärtige Reaktualisierungsversuche zeigen.

In Aufnahme des Wortes Heideggers von der Erschütterung alles Seienden im gegenwärtigen Weltaugenblick und in der Absicht, die Diskussion um den Nihilismus seit Nietzsche einer wirklich philosophischen Analyse zu unterziehen, kommt zum Beispiel E. Severino[156] zu einer Wertung Alteuropas, in der sich die gängigen Sichtweisen des sogenannten Nihilismus der Neuzeit als Simplifizierungen herausstellen, die übersehen, daß die Grundstruktur unseres Denkens daher nihilistisch ist, weil sie von der *Zeit* bestimmt ist, die, einmal ins Denken eingedrungen, es verhindert, jene Errungenschaft der Vorsokratik, das Sein im Unterschied zu allem Seienden, auch als solches zu denken. So wäre das Parmenideische Seinsverständnis gerade nicht Ausgangs- und Anknüpfungspunkt für die Metaphysik, sondern deren rigorose Infragestellung. Wenn das Sein – und Severino formuliert hier genau die Argumente Melissos' – nicht durch das Nichtsein begrenzt werden darf, sich aber auch die Widersprüche, die sich damit verbinden, nicht leugnen lassen – jene Widersprüche, denen Melissos durch die Destruktion des gesunden

Menschenverstandes zuvorkommen zu können glaubte –, dann muß dieser Widerspruch *immanent*, d.h. in der Konfrontation von ewigem Sein und augenscheinlicher Wandelbarkeit aufgelöst werden. Das ist aber, so argumentiert Severino, nur unter der Voraussetzung möglich, daß sich der Werdecharakter des Seienden, d.h. die Art und Weise, in der das Sein erscheint, so interpretieren läßt, daß er der These von der Unberührbarkeit des Seins nicht widerspricht, den Werdecharakter des Seienden als Schein begreift und die Ewigkeit des Seins unterstreicht. In enger Anlehnung an Parmenides und Melissos sieht Severino in dem Versuch, das Werden der Dinge denken zu wollen, zugleich den Versuch, die *Dinge als Nichts* zu denken. Entsprechend formuliert er:

»Die Struktur des Abendlandes [...] ist der Wille, daß die Dinge *Zeit* sind. Wenn es der Sprache gelingt, den eigentlichen Sinn der ursprünglichen Struktur der Notwendigkeit – nämlich den eigentlichen Sinn des äußersten Untergrundes – zu bezeugen, dann erscheint der Wille, daß die Dinge Zeit (und daher Geschichte/Werden) sind, mit Notwendigkeit als Wille, daß die Dinge *nichts sind*, bzw. daß das *Nicht-Nichts ist*. Dieser Wille ist der *Nihilismus*. Der Nihilismus in seinem eigentlichen Wesen ist die Struktur des Abendlandes [...]. Die Bewohner der Zeit sind die Zivilisationsformen, die gesellschaftlichen Institutionen, die Individuen, die Massen und Völker, die nach und nach dieser herrschenden Struktur unterworfen wurden. Europa vor allem.« [157]

Europa ist aus dieser Perspektive der Wille zur Macht über die Dinge, eine Diagnose, die jenseits des Wettstreits der Theoretiker und aller vordergründigen Nomenklaturen in eine Richtung geführt werden muß, aus denen den Dingen ihre Wahrheit zukommt. Der Weg dahin führt über den Sturz der »Götter des Abendlandes«, die von dem Gegensatz zwischen Ewigem und Vergänglichem leben. Diese Götter *sind* nur, wenn das Seiende vernichtet und in Umkehrung des parmenideisch-eleatischen

Seinsgedankens vom Zusammenhang mit dem Sein abgetrennt wird; bildlich gesprochen: »Die Götter sind mißgünstig, weil sie jene Einheit mit dem Sein für sich behalten haben, die jedem Ding zukommt.« [158] Gegen die Götter gilt es die – heute verschüttete – Wahrheit zu behaupten, daß *alles ewig ist*. Der erste Schritt dahin ist die ontologische Depotenzierung der Zeit, d.h. die Verabschiedung der für Europa, vor allem für das Christentum, konstitutiven Bedeutung der Geschichte, denn »die Nichtigkeit des Seienden ist der Nihilismus, und der Nihilismus ist die wesentliche Entfremdung. Die abendländische Kultur entwickelt sich in der Überzeugung, daß das Seiende in der Zeit ist, und das heißt, daß das Seiende nichts ist.« [159]

Der Destruktion der Zeit fallen auch die sogenannten traditionellen Werte anheim, die sich als vermeintliche abendländische Errungenschaften zwischen die Vorsokratiker und uns geschoben haben. Severino markiert sie als Faktoren des Nihilismus, über die sich die Herrschaft der Zeit schrittweise gefestigt habe, denn »in der Zeit wohnen ist in der Logik der Macht wohnen, und diese Logik verlangt, daß die tatsächlich stärkere Macht dazu bestimmt ist, jede andere Macht und jedes andere Interesse zu beherrschen« [160]. In der Entfaltung der Prinzipien seiner an Parmenides und mehr noch an Melissos orientierten Seinslehre bedient sich Severino der Differenz von Wesen und Erscheinung, die dort nur unvollkommen artikuliert werden konnte (vgl. die Destruktion des gesunden Menschenverstandes). Für Severino bezeichnet diese Differenz die Überwindung des immanenten Dualismus der bisherigen Metaphysik. So zielt sein Fundamentalsatz: »Kein Sein kann deshalb erscheinen, wenn es nicht als Teil des Ganzen erscheint. Wenn das Ganze nicht erscheint, erscheint nichts« [161] auf einen Immanentismus, für den die Barriere zwischen Sein und Erfahrung des Seienden keine ontologische Dignität mehr hat, sondern nur noch eine Frage der je aktuellen

Präsentation des Seins ist. Einige Beispiele für das Provokante dieser philosophischen Rückerinnerung, in denen zugleich die Grenzen antiken wie modernen Seinsdenken evident werden, seien im folgenden zitiert:

»Im Sein ist auf ewig die Geschichte der endlichen Weise, das Sein zu sehen, enthalten: im ewigen Sein, das sich auf ewig im Erscheinen zeigt, ist auf ewig die Geschichte dieses Sichzeigens enthalten [...], und somit sind alle jene Positivitäten enthalten [...], die die Geschichte in ihrem Verlauf nach und nach mit sich fortreißt.«
»Alles, was in den Kreis des Erscheinens eintritt und aus ihm herausgeht, ist ewig. Und dieser Kreis selbst ist ewig, d.h., er erwartet schon immer als transzendentales Ereignis das Kommen des Gastes; und er kann es so nur erwarten, insofern der Gast schon immer gekommen ist.«
»Die Wahrheit des Seins verlangt, daß das *ganze* Sein unveränderlich, ewig ist. Die Erfahrung bezeugt nicht die Vernichtung des Seins bzw. sein Zunichtswerden oder Nichtsgewesensein; nicht einmal dann, wenn eine Kernexplosion eine Stadt zerstört.«
»Das Erscheinen sagt nichts über das Schicksal dessen, was nicht mehr erscheint (oder noch nicht erschienen war), aber die Gerechtigkeit des Seins findet immer auf, was nicht erscheint, und verbietet ihm, ein Nichts zu werden und zu sein.« [162]

Die Herausforderung dieser philosophischen Position, und damit indirekt natürlich jene des antiken, vorsokratischen Seinsdenkens – eines konsequenten Idealismus, der sich bei Melissos u. a. darin radikal zeigt, daß selbst die Räumlichkeit und die phänomenalen Bestimmungen in Frage gestellt werden –, läßt sich pointiert in drei Thesen zusammenfassen: Eine konsequente Ontologie muß von der Ewigkeit des Seins ausgehen und sie gegen jeden Versuch verteidigen, Faktoren wie Zeit, Geschichte, Erfahrung etc. eine philosophische Bedeutung zuzusprechen. Eine konsequente Ontologie muß aber auch alles Seiende als unveränderlich denken. Damit wird sie unvereinbar mit einem an der natürlichen Einstellung orientierten Wirklichkeitsbegriff. Um die Widerspruchsfreiheit der Argumentation zu erreichen, muß eine konsequente Ontologie schließlich die Erscheinungswelt generell abwerten. So wird unsere Erfahrung der Dinge und unser Umgang mit ihnen zum Beweis dafür, daß wir uns (zwangsläufig) über den wirklichen Status der Dinge täuschen.

Wenn das Sein ein einziges und alles ist, dann kann es nicht das Nichts und folglich auch nicht das Leere als den Raum, in dem nichts ist, geben. Das Seiende muß sich entsprechend nach allen Richtungen ins Endlose ausdehnen. Sowohl Parmenides wie Melissos ziehen diese Konsequenz, kommen aber zu zwei unvermittelbaren Ansichten hierüber: Parmenides, der die radikalen Konsequenzen des Melissos scheut, betont die Endlichkeit der Welt, weil sie als aktual unendliche nicht vorstellbar ist (was natürlich indirekt bedeutet, daß letztlich doch unser Vorstellungsvermögen, die »natürliche Einstellung« oder der gesunde Menschenverstand, dem Sein bzw. dem Seienden die Maßstäbe vorgeben). Melissos dagegen vertritt die konsequent ontologistische Position, nach der die Welt unendlich sein muß, weil auf dem Hintergrund der Bestimmungen des Seins der leere Raum nicht vorstellbar ist. Es ist wirkungsgeschichtlich bedeutsam, daß dieser Streitfall erst entschieden werden kann, seit Kant in seiner *Kritik der reinen Vernunft* strikt zwischen dem Ding an sich und der bloßen Erscheinung unterschieden und unseren Verstand auf das Feld der Erscheinungen verwiesen hat.[163] Während die Wesenserkenntnis dazu zwingt, sich zwischen Endlichkeit der Welt einerseits und deren aktualer Erkenntnis andererseits zu entscheiden, da in jedem Falle eine Wesensaussage erwartet wird, kann der Verweis des menschlichen Verstandes auf das Feld der Erscheinungen von einer potentiellen Unendlichkeit sprechen, wie es Kant in der Antinomienlehre der *Transzendentalen Dialektik* getan hat.[164]

Zenon von Elea

Zenon, der wahrscheinlich von 490 bis 430 v. Chr. in Italien lebte, war ebenso wie Melissos Schüler des Parmenides. Wenn er ungleich bekannter ist als jener, dann hängt dies vor allem mit seinen Paradoxien zusammen, die nicht nur sehr eingängig sind, sondern auch unterschiedliche Rezeptionsbemühungen ausgelöst haben. Schon Aristoteles spricht im Hinblick auf Zenons Paradoxien von einer Frühform der Dialektik; sie sind ferner antinomisch gedeutet worden, als Paradoxon, daß Bewegung sich weder konsistent denken noch faktisch vollführen läßt [165], oder als frühe Vorwegnahme der Relativitätstheorie A. Einsteins [166]. Doch auch ohne zu solchen nur in sehr eingeschränktem Sinne plausiblen Rückübertragungen zu greifen, läßt sich zeigen, daß es Zenon in einer vielleicht noch radikaleren Weise als Melissos darum geht, die Widersprüche und Aporien zu markieren, in die der unmittelbare Augenschein, die empirische Beobachtung oder der »gesunde Menschenverstand« auf dem Hintergrund der Parmenideischen Seinslehre führen. Versuchte Melissos diesen Widerspruch durch den Aufweis einer antinomischen Struktur, die er selbst noch nicht bis ins letzte nachzuzeichnen und zu lösen vermochte, zu entschärfen, so führt bei Zenon der konsequente Ontologismus notwendig zur Leugnung der Zeit, der Bewegung und überhaupt der Möglichkeit einer Verknüpfung endlicher oder auch unendlicher Größen. Das Ergebnis ist in der Tat jener *reine Seinsbegriff*, den – wie oben dargestellt – E. Severino unbeschadet des abendländischen »Wohnens in der Zeit« restituieren möchte und dessen Monismus jeden Anspruch endlicher Erfahrung, ob auf den Raum oder auf die Zeit bezogen, zurückweisen muß. Unter dieser Voraussetzung müßte man eher feststellen, daß Zenon weniger spätere Entwicklungen in der Geschichte der Philosophie vorweggenommen als vielmehr eine Sackgasse bezeichnet hat, aus der auch philosophische Reflexion nicht herausführt, wenn sie nicht zu einem Relationsgefüge vordringt, in dem nicht nur nach einem wie immer im einzelnen begründeten Prinzipienwissen, sondern auch nach den Bedingungen dieses Wissens gefragt wird.[167] Zenons Aporien, in denen die alltägliche wie die einzelwissenschaftliche Erfahrung – wenn diese Kennzeichnung hier statthaft sein soll – wie Sand zerrinnt, wären historisch betrachtet auch als eine unvermeidliche Überreaktion auf das blinde, unreflektierte Vertrauen in die empirisch »zuhandene« Physis zu interpretieren, wie es aus der ionischen Naturphilosophie spricht. Letztere ist auf dem Hintergrund der Parmenideischen Seinsphilosophie ein naiver Empirismus, der das konkret aufweisbare Element (etwa das »Wasser« eines Thales) zu einer »archē« hypostasiert, ohne die Bedingungen und Konsequenzen solcher Extrapolation zu nennen oder gar zu reflektieren.

Diese an sich berechtigte Kritik kann jedoch insofern nicht treffen, als sie einem philosophischen Sprechverbot über die phänomenale Welt gleichkommt. Zenons Präzisierungen des Parmenides sind daher nicht nur beispielhaft für die Aporien des konsequenten Ontologismus; sie machen – gerade auch mit Blick auf die nachfolgende Philosophiegeschichte – deutlich, daß philosophische Kritik nicht von vornherein und immer schon mit den entsprechenden Lösungen aufwarten muß. Schon aus diesem Grund darf auch die nachträgliche Interpretation nicht post festum mit Antworten aufwarten, von denen aus es ein leichtes wäre, die ursprünglichen Antithesen aufzulösen.

Aristoteles überliefert Zenons klassische Paradoxien (vgl. DK 59 A 21-29), die zunächst leicht gekürzt vorgestellt und dann im einzelnen diskutiert werden sollen:

1. Paradox der Einheit

»Wenn das Eine selbst unteilbar wäre, so wäre es nach dem Grundsatz des Zenon nichts: etwas, das weder wenn es hinzugefügt noch wenn es abgezogen wird, größer bzw. kleiner macht, solches gehört, wie er sagt, nicht zu den seienden Dingen.«

2. Achill

»Das zweite Argument ist unter dem Namen ›Achill‹ bekannt. Es lautet: Das Langsamste [die Schildkröte] wird in seinem Lauf nie vom Schnellsten [Achill] eingeholt werden. Denn es ist notwendig, daß das Verfolgende vorher dort ankommt, wo das Fliehende eben weggegangen ist, so daß notwendig das Langsamste immer wieder einen gewissen Vorsprung hat.«

3. Der Pfeil

»Das dritte Argument ist [...], daß der sich schnell bewegende Pfeil stillsteht. Dies folgt aus der Annahme, die Zeit bestehe aus den ›Jetzten‹, denn wenn das nicht zugegeben wird, ist der Schluß unzulässig.«

(Simplikios gibt die Variante: »Jedes, das ist, ist irgendwo, da das, was nirgendwo ist, nicht ist.«)

4. Die sich im Stadion bewegenden Körper

»Das vierte Argument handelt über die sich im Stadion aus entgegengesetzter Richtung bewegenden, gleichen und an gleichen [vorbeikommenden] Körper, die einen vom Ende des Stadions, die anderen von der Mitte des Stadions, mit gleicher Geschwindigkeit. Der Trugschluß besteht darin, daß gefordert wird, die gleiche Ausdehnungsgröße komme mit gleicher Geschwindigkeit in gleicher Zeit sowohl an einer sich bewegenden als an einer ruhenden [Ausdehnungsgröße] vorbei.«

5. Paradoxie des Ortes

»Wenn der Ort irgend etwas von den seienden Dingen ist, so wird er irgendwo sein. Zenons Aporie bedarf ja einer Erklärung: denn wenn jedes, das ist, an einem Ort ist, so ist klar, daß es auch einen Ort des Ortes geben wird, und so weiter bis ins Unendliche.«

»Zenons Aporie lautet: Wenn der Ort etwas ist, so wird er in irgend etwas sein. Die Lösung ist nicht schwierig: Nichts steht [der Annahme] im

Wege, daß der erste Ort [der angeblich unendlichen Reihe] in irgend etwas anderem sei, aber in diesem nicht wie an einem Ort.«

6. Paradoxie der akustischen Wahrnehmung
»[...] Daß jeder beliebige Teil eines Hirsekorns ein Geräusch gäbe. Denn nichts hindert [anzunehmen], daß dieser Teil in irgendwelcher Zeit die Luftmasse eben nicht bewegt, welche von dem gesamten Scheffel bei ihrem Sturz bewegt wird.«

In allen angeführten Beispielen geht es Zenon darum zu zeigen, daß unter der Prämisse möglicher Vielheit dem Seienden die widersprüchlichsten Bestimmungen zukommen, und zwar solche, die sich gegenseitig aufheben. Dies verleitet ihn jedoch nicht wie Parmenides und Melissos dazu, den Bestimmungen, die sich empirisch aus der Untersuchung bzw. der sinnlichen Wahrnehmung des Seienden ergeben mit der Begründung, die natürliche Einstellung zu den uns umgebenden Dingen sei per se trügerisch, die Realität abzusprechen. Zenon geht den umgekehrten Weg und zeigt, daß die sinnliche Wahrnehmung, so berechtigt sie ist, in unaufhebbare Widersprüche verstrickt. Der einzig mögliche Ausweg aus diesen Paradoxien besteht darin, wider den Augenschein der These von der Einheit und Einzigartigkeit des Seins zuzustimmen. In diesem Zusammenhang kommt dem Argument wider die Realität des Raumes (vgl. 5.: Paradoxie des Ortes) besondere Bedeutung zu. Danach muß die Annahme, daß alles Seiende sich im Raume befinde und dieser selbst als ein Seiendes aufzufassen sei, zu einem *regressus in infinitum* führen – eine Aporie, die als solche nur formuliert werden kann, wenn die Realität des Raumes (d.h. die Räumlichkeit des Seienden) unterstellt wird. Daß diese Hypothese nicht zutreffen kann, erhellt aus der Unzulässigkeit des *regressus in infinitum.* Ähnlich verhält es sich hinsichtlich der Teilbarkeit bzw. Unteilbarkeit des Seins, wie aus den anderen Beispielen (Achill, der Pfeil, die akustische Wahrnehmung) hervorgeht. Die Strecke, die Achill bzw. die Schnecke beschreiten, der Pfeil, der im Flug jeweils ein bestimmtes, von dem darauf folgenden abgehobenes räumliches Kontinuum beschreibt – wobei die Grenze zwischen beiden wiederum ein bestimmtes räumliches Kontinuum bezeichnet – sowie die Laute bzw. Nicht-Laute, die die einzelnen herabfallenden Hirsekörner geben, und deren Summation – sie alle bezeichnen Vielheiten, die für sich betrachtet sowohl unendlich groß wie unendlich klein sein müssen, unendlich groß, weil jeder zeitliche wie räumliche Moment von dem jeweils vorausgehenden und nachfolgenden getrennt und *für sich* betrachtet werden muß, unendlich klein, da jedes dieser Zeit- und Raumsegmente wiederum teilbar sein müßte, und dies in Relation zu dem nächst kleineren, das im Grenzfall ohne Größe wäre, so daß das dazu nähere als unendlich klein zu bezeichnen wäre. Dem Verhältnis von unendlich groß und unendlich klein entspricht dasjenige von zugleich *begrenzt* und *unbegrenzt*. In den Beispielen zu den Paradoxien der Bewegung geht es Zenon schließlich darum zu zeigen, daß eine endliche Größe (die zurückzulegende Strecke) die Summe unendlich vieler endlicher Größen darstellen müßte, ein unaufhebbarer Widerspruch, sowie umgekehrt, daß selbst durch die Summierung unendlich vieler Einzelgrößen eine endliche Einzelgröße nicht entsteht. Warum dies so sein muß, soll nach Zenon vor allem am Beispiel des fliegenden (und doch eigentlich nicht fliegenden) Pfeils gezeigt werden (vgl. 3.). Die Strecke, die der Pfeil zurücklegt, läßt sich in unendlich viele Punkte aufteilen. Jeder dieser Punkte bezeichnet entsprechend eine Raum- und Zeiteinheit, die nicht in weitere Zeit- und Raumpunkte unterteilt werden kann. Somit darf diesen kleinsten Raum- und Zeiteinheiten keine Ausdehnung zukommen. Haben sie aber keine Ausdehnung, ist in ihnen auch keine Bewegung möglich, da deren Voraussetzung ein sowohl räumliches wie zeitliches Kontinuum ist. Folglich sind diese kleinsten Raum- und Zeiteinheiten Atome, und der Pfeil, der – auch dies ist paradox – sie *ausfüllt*, ruht still und bewegt sich nicht. Vertraut man sich dagegen dem unmittelbaren Augenschein an, nach dem der Pfeil ja fliegt, muß natürlich die Bedingung der Bewegung, die Möglichkeit räumlicher und zeitlicher Kontinua, unterstellt werden. Aber selbst dann schließt die Unmöglichkeit der weiteren Zerlegung des räumlichen Kontinuums auch die Unmöglichkeit ein, das zeitliche Kontinuum weiter zu zerlegen, so daß also wiederum der Pfeil ruht; bewegte er sich, so fände eine Veränderung (Aufteilung bzw. Zerlegung) des zeitlichen Kontinuums statt; da aber die Prämisse diese ebenso wie die Aufspaltung des Raumes in weitere Entitäten ausschließt, ruht der Pfeil hier wie dort.

All diesen »Beweisen« ist die These gemeinsam: Geht man davon aus, daß es – entgegen dem Zentraldogma des Parmenides und entgegen jedem konsequenten Ontologismus – *Vielheit* gibt, dann führen die Bestimmungen der *endlichen Größen*, die den Beweis für die Existenz der Vielheit erbringen sollen, auf unauflösbare Widersprüche. Kern all dieser Widersprüche ist die Tatsache, daß jede Vielheit sich auf eine letzte Einheit reduzieren läßt, die alle Bestimmungen widerruft, die jeweils für die Tatsächlichkeit der Vielheit beigebracht werden können, so daß es paradoxerweise gerade die Zugrundelegung der Vielheit ist, die – wenn auch ex negativo – die Einheit verbürgt.

Über zweitausend Jahre mathematischer Anstrengungen galten den Paradoxien Zenons. Quintessenz dieser Bemühungen dürfte tatsächlich das Eingeständnis der Unauflösbarkeit dieser Paradoxa sein. Ist dieses Eingeständnis mit der Anerkennung der Einzigkeit bzw. Einzigartigkeit des Seins, seiner nicht-räumlichen und nicht-stofflichen Struktur gleichzusetzen? Unterstreicht nicht schließlich der Umstand, daß sich gerade auch moderne Mathematiker, zum Beispiel Bertrand Russell, mit diesen Paradoxien auseinandergesetzt haben, die Bedeutung Zenons?[168] Wäre es so, dann ließe sich der Vorwurf, Philosophie sei nichts weiter als eine Art höherer geistiger Akrobatik, schwerlich entkräften. Man hätte demnach die paradoxale Struktur der »Beweise« Zenons auf das Argumentationsverfahren und die es leitenden Intentionen selbst zu übertragen. Unter dieser Voraussetzung müßten die Aporien der Vielheit und des endlichen Seienden auf das Prinzipienwissen und letztlich auf den Parmenideischen Seinsbegriff selbst übergehen: Wollte Zenon diesen gegen den Augenschein verteidigen, so macht umgekehrt der Augenschein diese »Basisannahmen« fraglich. Vielleicht läßt sich von Zenon vor allem das eine lernen: daß die »Gigantomachie« um das Sein (Platon) unentscheidbar und die Philosophie daher auf andere Felder verwiesen ist.

Empedokles von Akragas

Bei den meisten herausragenden Gestalten der Vorsokratik gelang es bisher, Momente zu benennen und wenigstens ansatzhaft zu diskutieren, die über den Kreis der frühen philosophischen Bemühungen hinaus Gesichtspunkte fixieren, die sich für eine prinzipielle Standortbestimmung des Philosophierens bis in die unmittelbare Gegenwart hinein als bedeutsam erweisen. Dabei ist, aus unterschiedlichen Perspektiven, die Frage nach der Verhältnisbestimmung von Philosophie und Wissenschaft der häufigste Interessenschwerpunkt. Sucht man bei Empedokles nach vergleichbaren »bleibenden Strukturen« des Philosophierens, dann verbindet sich dieser Aufweis mit einem philosophischen Programm, das in einer Art Rückschau die unterschiedlichen philosophischen und einzelwissenschaftlichen Bemühungen seit Thales von Milet bündelt und in eigenartiger Weiterentwicklung eine Art frühe Summe der Philosophie Alteuropas vor Augen stellt. Dazu trägt nicht wenig bei, daß Empedokles auf der einen Seite dem Ontologismus eines Parmenides und seiner Schüler verpflichtet bleibt, andererseits aber die Abwertung der sinnlichen Wahrnehmung und der auf sie bezogenen Wirklichkeit zu einer Realität zweiter Ordnung nicht teilt und Einheit und Vielheit in einer Weise zu vermitteln sucht, die zwangsläufig zu einem Dualismus und zu einer spiritualistischen und zugleich materialistischen Weltsicht führt, wobei die nüchtern-wissenschaftliche Betrachtungsweise der Milesier mit Anthropomorphismen verknüpft wird, die an eine Revision der Xenophanischen Argumente denken lassen. Hinzu kommt das *Buch der Reinigungen*, eine Ethik, die die praktischen Folgerungen aus dieser dem Harmoniegedanken verpflichteten Rückschau zieht. So spannt sich bei dem Philosophen ein weiter Bogen von der einzelwissenschaftlichen Forschung bis hin zur philosophischen Artikulation religiöser Heilsinteressen, wie sie uns unter anderem bei Pythagoras begegneten. Um dieses Spannungsfeld disparater Interessen und Einsichten zu erschließen, sei auf eine wissenssoziologische Klassifikation hingewiesen, die den Kern des philosophischen Programms Alteuropas in der Einheit von Erklärungs-, Deutungs- und Trostfunktion erblickt: die faktische Erklärung (der Wissenschaftsaspekt) ist zugleich Handlungsnormierung (d. h. die Interpretation der uns umgebenden Wirklichkeit beruft sich auf Kriterien, die es erlauben, auch die apersonale Wirklichkeit *handlungsanalog* zu deuten) und trostvolle Einebnung der Dissonanzen, die zwangsläufig aus diesem Wirklichkeitsmodell resultieren. Man hat vielfach im Platonischen Idealismus und seinem extremen Dualismus den Prototyp dieser Konstruktion zu sehen versucht. Wenn dieser Dualismus einen Vorgänger in der Philosophie vor Sokrates hat, dann ist es Empedokles, dessen Kosmologie bereits in dem Versuch einer Synthese von Eleatismus und Heraklitismus als »Theorie der Gesamtwirklichkeit« konzipiert ist. Zumindest Platon selbst scheint Empedokles so verstanden zu haben.[169] Ein längeres, von Simplikios überliefertes Fragment (DK 31 B 17)[170] mag diesen mit mystisch-theosophischen Anklängen (vgl. den personifizierten Widerstreit von Liebe und Haß) angereicherten Syntheseversuch verdeutlichen:

»Zweierlei will ich dir sagen: denn bald wächst ein einziges Sein aus Mehrerem zusammen, bald wird es wieder Mehreres aus Einem. Zwiefach ist der sterblichen Dinge Entstehung, zwiefach auch ihr Dahinschwinden. Denn die Vereinigung aller Dinge erzeugt und zerstört die eine; die andere aber, kaum herangewachsen, fliegt davon, wenn sie (die Elemente) sich wieder scheiden. Und dieser fortwährende Wechsel hört niemals auf: bald kommt alles durch die Liebe in Eins zusammen, bald wieder scheiden sich alle Dinge voneinander durch den Haß des Streits[171] – sofern nun auf diese Weise Eins aus Mehrerem zu werden pflegt und wieder aus der Spaltung des Einen Mehreres hervorgeht, insofern entstehen die Dinge und haben kein ewiges Leben; insofern aber ihr ständiger Wechsel niemals aufhört, insofern sind sie ewig unerschüttert im Kreislauf. – Wohlan, hör auf meine Worte, denn Lernen stärkt den Verstand. Wie ich schon vorher gesagt habe, als ich das Ziel meiner Rede kundtat: Zweierlei will ich dir sagen, bald wächst ein Einziges aus Mehrerem zusammen, bald wieder spaltet es sich aus Einem zu Mehrerem, zu Feuer, Wasser, Erde und Luft unendlicher Höhe, und gesondert von ihnen der verderbliche Streit, gleich stark auf allen Seiten, und die Liebe unter ihnen, gleich an Länge und Breite. Dies schau du mit dem Geist und sitze nicht da mit staunenden Augen: sie, die auch sterblichen Gliedern eingewachsen sind, wie man weiß, denn durch sie haben sie Gefühle der Liebe und vollenden Werke der Paarung; Wonne nennen sie sie dann oder Aphrodite. Aber daß sie auch in den Elementen kreist, das weiß kein sterblicher Mensch. Du aber vernimm meiner Lehre untrüglichen Gang. Sind doch sie alle gleich stark und gleichen Ursprungs. Das eine von ihnen hat dieses, das andere jenes Amt, denn jedes hat seine eigene Wesensart, und der Reihe nach herrschen sie im Kreislauf der Zeit. Und aus ihnen entsteht weder irgend etwas, noch geht etwas verloren. Denn wenn sie in einem fort zugrunde gingen, dann wären sie überhaupt nicht mehr. Denn was sollte dies Ganze vermehren und woher sollte es kommen? Und wohin sollte es vergehen, da nichts von diesen (Elementen) leer ist? Nein, sie allein gibt es, und indem sie durcheinander kreisen, werden sie bald dieses bald jenes, und so geht es in alle Ewigkeit.«

Mit diesem Zitat, das die wesentlichen Grundzüge der Philosophie des Empedokles wiedergibt, könnte unsere Darstellung ihr Bewenden haben, wären da nicht noch einige weitere Aspekte, auf die hingewiesen werden sollte. So fand die Fragwürdigkeit des mystisch-philosophischen Programms ihre legendarische Verarbeitung in der Anekdote, nach der Empedokles um 425 v. Chr. in Agragas (dem heutigen Agrigent) durch einen Sprung in den Ätna sein Ende gefunden haben soll – in Wirklichkeit wanderte er nach dem Peloponnes aus und ist dort gestorben –, eine Legende, die mit dem Gedanken des Selbstopfers soteriologische Züge erkennen läßt, die an die Gestalt des Pythagoras erinnern. Für Hölderlin, der das philosophische Programm des Empedokles zu seinem eigenen machte – auch dies ein wichtiger rezeptionsgeschichtlicher Aspekt –, wurde die Legende zum Anlaß eines unvollendet gebliebenen Dramas, das den Philosophen als Verkünder und Mittler des Göttlichen in einem gottfernen, dem All wie den Göttern entfremdeten Volk zeigt. Im Drama liegt die Tragik des Empedokles darin, daß der Wille zur Mittlerschaft den Philosophen zu einem maßlosen Anspruch treibt. Von den Göttern wie vom Volk verlassen, wählt er den freien Opfertod, um sich entsühnt mit dem gottdurchwirkten All zu verbinden. Ohne Zweifel klingen damit Momente an, die Empedokles selbst in seinem *Buch der Reinigungen* formuliert. Fragment 112[172] überliefert ein »Selbstporträt« des Empedokles, nach dem dieser »als ein unsterblicher Gott umher[reist], nicht mehr sterblich, bei allen, wie es sich gehört, geehrt, mit Binden und frischen Kränzen umflochten. Von allen, deren blühende Städte ich besuche, werde ich [Empedokles] verehrt, von Männern und Frauen. Zu Zehntausenden folgen sie mir und fragen, wo sich der Weg zum Gewinn auftue; die einen verlangen von mir Weissagungen, die anderen erwarten, bei Krankheiten aller Art das heilende Wort zu hören, schon lange von quälenden Schmerzen durchbohrt.«

Eine solche spirituelle Trunkenheit ist noch nicht erklärt, indem man ihre literarischen Vorbilder aufzeigt – etwa die Selbstoffenbarung des Hermes gegenüber Priamos im letzten Buch der *Ilias* – oder auf die Selbstaussagen der Eingeweihten in den Mysterienkulten verweist. Daß hier spät ein Ambiente zum Austrag kommt, das im philosophischen Programm des Parmenides von Anfang an enthalten ist, zeigt die Kosmologie des Empedokles, die zwischen nüchterner Prinzipienforschung (Mischung und Entzweiung der Elemente) und übersteigertem Symbolismus (Liebe und Haß bewegen Götter und Menschen) zu vermitteln sucht. Ihr Gipfelpunkt ist die Negation des Todes, die Lehre vom Zyklus der Inkarnationen und die All-Erlösung. Bedingung all dessen ist eine Neugewichtung der Physik, der »Basis-Philosophie« der Vorsokratik, die als »Lehre von der Mischung« auf den nachfolgenden Atomismus verweist: Die vier Elemente laufen durcheinander hindurch und bilden so, ohne davon in ihrem Kern berührt zu werden, sterbliche Zusammensetzungen, die – wieder aufgelöst – letzte Einheiten, Vorbilder der Atome Demokrits, freisetzen, die von Werden und Vergehen unberührt bleiben. Ihre Ewigkeit begründet Empedokles durch einen Rückgriff auf den Ontologismus des Parmenides: Für nichts von alledem, was sterblich scheint, gibt es eine Geburt, so wie nichts am Ende dem »verfluchten Tode« anheimfällt; es gibt nur Mischung und Austausch dessen, was gemischt ist, und Geburt heißt dies bloß für den Menschen.[173]

Aristoteles überliefert sogar das Diktum[174]: »Denn daß aus

Nicht-Seiendem etwas entsteht, ist unmöglich, und daß Seiendes völlig verschwindet, läßt sich weder erreichen noch kann es davon Kunde geben. Denn es wird immer dort sein, wo man es nur immer hinstellt.«

Diese Einsicht des nüchternen Ontologismus gilt auch in der symbolischen Überhöhung, denn »sie [Liebe und Haß] waren vorher dabei und werden es auch künftig sein – nie, so bin ich überzeugt, wird die unermeßliche Ewigkeit dieser beiden leer sein« (DK 31 B 16).

Anaxagoras von Klazomenai

Man darf in Anaxagoras (ca. 500-430 v. Chr.) den entscheidenden Vermittler in dem metaphysischen Grundgegensatz zwischen Heraklit und den Eleaten sehen.[175] Geboren zu Klazomenai bei Smyrna in Ionien, zählt er zu den Eleaten und ist gleich Anaximander und Anaximenes unter milesischem Einfluß herangewachsen. Er ist außerdem das Urbild des weltabgewandten Denkers, der auf allen äußeren Reichtum verzichtet. Um das Jahr 462 kommt Anaxagoras als Repräsentant der ionischen Aufklärung nach Athen, wo er Perikles und Euripides kennenlernt. Er gewinnt den Ruf eines Skeptikers und wird gegen 432 v. Chr., vor Ausbruch des Peloponnesischen Krieges, wegen Gottlosigkeit angeklagt. Dabei werde, so überliefert Platon, seine Theorie über die Himmelskörper besonders gebrandmarkt.[176] Der Einfluß des Perikles rettet Anaxagoras, der Athen für immer verlassen muß, vor der Todesstrafe. Nach etwa drei Jahren stirbt der Philosoph in Lampsakos am Hellespont, während in Athen sein Werk *Über die Natur*, das für eine Drachme unter der Hand verkauft wird, viele Leser findet, darunter Sokrates (vgl. DK 59 A 35).

Wie die ionischen Naturphilosophen fragt Anaxagoras nach

den »archaí«, den Prinzipien und ersten Gründen der Welt, aber auch nach der Ordnung (»kósmos«), da doch die Welt am Anfang eine amorphe Masse gewesen sein müsse. Anaxagoras selbst geht von einer Urmischung aus, in der unendlich viele kleine Bestandteile, die »Homoiomerien«, enthalten sind. In einem Prozeß, der noch nicht abgeschlossen ist, sondern sie sich aus dieser Urmischung ab, die immer noch den entstehenden und sich weiter ausbildenden Kosmos umgibt. Entsprechend der Anzahl der Homoiomerien gibt es nicht vier, sondern unendlich viele Elemente: »In allem ist ein Teil von allem, wovon am meisten in einer Masse ist, das ist und war am sichtbarsten jedes einzelne Ding« (DK 59 A 41).

Aus diesem Grunde kann es Entstehen und Vergehen im strikten Sinne nicht geben: Mischung und Trennung finden immer nur aus bereits vorhandenen Keimen statt. Da alles in allem enthalten ist, gibt es auch keinen leeren Raum, wie er für die späteren Atomisten von entscheidender Bedeutung werden sollte. Auch wenn hinter Mischung und Trennung nicht vorgedrungen werden kann, bedarf es doch eines »agens«, einer Bewegung, die dies alles ins Werk setzt. Für Anaxagoras ist dies der »nous«, jene Kraft, die die Urmasse in eine stete Kreisbewegung versetzt hat. Nicht zufällig beruft sich Aristoteles auf Anaxagoras, um seine Auffassung von einem ersten unbewegten Beweger zu erläutern.[177]

Der »nous« ist als einziger unvermischt, unbegrenzt und aus sich heraus bestehend; er ist das feinste und reinste Existierende, begabt mit der denkbar größten Kraft. Er hat also gerade nicht an allem teil, noch ist er ein Teil von allem, denn wäre er vermischt, würden ihn die Dinge, die mit ihm vermischt sind, daran hindern, zu herrschen und über den Dingen zu stehen. Anaxagoras verführt zur Assoziation einer intelligiblen Welt, ohne näher auf diese einzugehen, eine Assoziation, die die Kritik seit Sokrates auf den Plan ruft. Mit seiner Konzeption des »nous« reicht Anaxagoras weit über die noch mythisch-poetisch geprägten Prinzipien von Liebe und Haß, die Empedokles zugrunde legte, hinaus. So wendet sich die spätere Kritik an ihm auch nicht so sehr dagegen, daß hier ein einheitlicher Urheber der Bewegung benannt und zu begründen versucht wird. Es ist vielmehr die Aussage, daß jeder »nous« (hier wohl als »Geist« zu übersetzen) von gleicher Art sei, die Widerspruch hervorgerufen hat.[178] So betont Aristoteles, Anaxagoras setze den »nous« als Urheber allen Schaffens über die Materie, während er ihn auf der anderen Seite mit der Seele (»psychē«) identifiziere, ohne dies zu beabsichtigen:

»Anaxagoras hat recht, wenn er den Geist als dasjenige bezeichnet, das nicht in Mitleidenschaft gezogen werden kann und unvermischt ist, eben deshalb, weil er ihn als Prinzip der Bewegung ansetzt. Denn nur unter dieser Voraussetzung kann er als Unbewegter bewegen und als Unvermischter herrschen.« (DK 59 A 56)

Gravierender ist die vom Platonischen Sokrates geäußerte Kritik, nach der Anaxagoras den »nous« als letzten, nicht jedoch als ersten Grund der Welt angibt.[179] Der »nous« ist in gewisser Weise ein »Lückenbüßer«, der dann in Erscheinung tritt, wenn eine stoffliche Ursache als Erklärung versagt. Er sei zwar grundsätzlich anders beschaffen als alle anderen Dinge, aber er sei eben doch ein »Ding« neben anderen Dingen, wenn auch ein »denkendes Ding«. Gegen den Einwand des Sokrates, daß Anaxagoras dort, wo es mit dem Argumentieren ernst werde, »von seinem ›Geist‹ überhaupt keinen Gebrauch machte und auch keine Zweckursachen bezüglich der Ordnung der Dinge im Kosmos heranzog, sondern Lüfte und Äthermassen und Gewässer bemühte, und anderes Unpassende mehr« (DK 59 A 47)[180], wird bereits früh ein »einzelwissenschaftliches Argument« formuliert, das die metaphysikverdrängende Argumentation der neuzeitlichen Wissenschaften vorwegnimmt und von mehr als nur philosophiehistorischem Interesse ist.[181] Simplikios[182] spricht ausdrücklich von dem Physiker, nicht von dem Philosophen Anaxagoras, wenn er meint:

»Und was Sokrates im Phaidon Anaxagoras vorwirft, daß er bei den einzelnen Kausalerklärungen vom Geist keinen Gebrauch macht, sondern nur materialistische Begründungen [gibt], das ist etwas, das in der physikalischen Wissenschaft nun einmal am Platz ist. Sogar Platon selbst führt im Timaios die bewirkende Ursache aller Dinge bloß in einem generellen Sinne ein, im einzelnen macht er aber die Verschiedenheiten der Massen und Formen zur Ursache für Wärme und Kälte und verfährt in den anderen Fällen in genau derselben Weise.«[183]

In den Fragmenten des Anaxagoras scheint der »nous« als handelndes Prinzip auf, das gelegentlich sogar an eine Gottheit denken läßt. Der Geist beherrscht alles, erkennt alles, ordnet Vergangenheit, Gegenwart und Zukunft. Wer versucht, das fragmentarisch Überlieferte zu systematisieren, stößt auf Fragen wie die nach einem Determinismus oder nach einem Dualismus. Dabei muß unentschieden bleiben, ob Anaxagoras überhaupt an die Freiheit bzw. Unfreiheit des menschlichen Handelns gedacht hat. Ebenso bleibt fraglich, ob die Bewegung des »nous« teleologisch zu denken ist, spricht der Philosoph doch lediglich über einen Vorgang, der einen Anfang hat. Von einer allen Dingen innewohnenden Zielgerichtetheit wissen wir erst seit der Sokratik, auch wenn bei Anaxagoras die Welt durchgängig *rational* gestaltet erscheint. Die Götter greifen nicht nur nicht mehr in den Weltlauf ein; sie werden zu Symbolen des einen Göttlichen, des »nous«.[184]

Archelaos von Athen und Diogenes von Apollonia

Diese beiden Philosophen aus der Spätzeit der Vorsokratik, deren Datierung schwierig ist, tauchen in den meisten Darstellungen der vorsokratischen Philosophie nicht namentlich auf. Das hängt einerseits mit der relativ dürftigen Überlieferung zusammen – von Archelaos soll es umfangreiche Schriften zur Ethik gegeben haben, von denen nichts erhalten ist bis auf einen relativ nichtssagenden, eher dem Umkreis der Sophistik zuzuordnenden Satz [185]; ein weiterer Grund ist die mangelnde Originalität beider Gestalten.

Es gibt Kontinuitäten, die keine sind, weil sie im nachhinein konstruiert wurden. Einer solchen verdankt zumindest Archelaos, von dem fälschlich behauptet wurde, er, nicht Anaxagoras – von dem er, soweit ersichtlich, in allen Stücken abhängig ist – habe die Naturphilosophie nach Athen gebracht, das relative historische Interesse an seiner Person. So sollen die ethischen Schriften des Archelaos keinen geringeren als Sokrates für die Philosophie gewonnen haben, wiewohl es bei dem geringen Interesse des Sokrates an allen naturphilosophischen Überlegungen, ja ihrer expliziten Verächtlichmachung, mehr als merkwürdig erscheinen muß, daß der Spott des Aristophanes – die *Wolken* sind immerhin eines der wenigen Zeugnisse über den historischen, nicht platonisch »zurechtgestutzten« Sokrates – diesen »gerade in Gestalt eines Physikers der Anaxagoräischen Schule zu treffen suchte, noch dazu nicht einmal als Vertreter seines Lehrers [186] Archelaos, sondern als Schüler eines Forschers, mit dem er vermutlich überhaupt niemals in Berührung gekommen ist, nämlich des Diogenes von Apollonia« [187].

Archelaos und Diogenes stehen unter dem Einfluß des Anaxagoras, wobei Archelaos in dem Bestreben, den »nous« deutlicher zu fassen, hinter Anaxagoras zurückfällt, während Diogenes eklektisch die Geistphilosophie des Anaxagoras mit Positionen der frühen ionischen Naturphilosophie kompiliert und – ein Beispiel für die ideelle Erschöpfung der Vorsokratik – vor allem das Gedankengut des Anaximenes wiederholt. Auf diesen Niedergang der vorsokratischen Philosophie ist der Atomismus Demokrits die einzig mögliche und weiterführende Antwort.

Nach den antiken Quellen hält Archelaos am »nous« des Anaxagoras fest, behauptet jedoch, dieser enthalte von Anfang an eine bestimmte Mischung (z. B. Kaltes und Warmes, Wasser und Erde), ein offensichtlich empedokleischer Einfluß, der die ursprüngliche Reinheit und Einheit des »nous« in Frage stellt und zwangsläufig zu anderen, sinnlicheren »archaí« führt; die eine Überlieferung spricht von der »Erde«, die andere von der »Luft«, dem »aēr« des Anaximenes. Der »nous« wird als Luft und die Luft als unendlich bezeichnet, als Ursprung der anderen Elemente, die durch Trennung oder Vereinigung, Verdickung oder Verdünnung der Luft entstehen.

Noch entschiedener steht Diogenes in dieser Tradition. Zwar beginnt er abstrakt mit einem Identitätssatz, der auf einen Kern verweist, der in allen Wandlungen ein und desselben Stoffes derselbe bleibt, behauptet dann aber weiter, daß alle Bestandteile der Erscheinungswelt (Erde und Wasser, Luft und Feuer) nur vermöge dieses selbigen Wesens existieren, das sich nur mannigfach und immer wieder neu verwandelt. Dieser Grund- oder Urstoff, das Wesen, ist ewig und unvergänglich, aber auch ausgedehnt, stark und reich an Wissen und gibt allem, den Tages- und Jahreszeiten, dem schönen Wetter wie Regen und Sturm sein Maß. Nicht zuletzt, weil Diogenes beim Anthropomorphismus Zuflucht nimmt, fällt dann die kategoriale Auslegung dieses Wesens allerdings auf die grob-sinnliche Ebene zurück. Alle Lebewesen, vor allem aber die Menschen, leben dadurch, daß sie die Luft einatmen: Folglich bestehen ihre Seele und ihr Denkvermögen aus diesem Stoff, was auch daran sichtbar wird, daß sie sterben, wenn die Luft entschwindet.

Im fünften Fragment (nach der Zählung von Diels) zieht Diogenes die Schlußfolgerung aus diesen Betrachtungen:

»Und so scheint mir denn: dieser Stoff, welcher Denkvermögen besitzt, ist das, was die Menschen die Luft nennen, und er lenkt und beherrscht sie alle. Denn eben dieser Stoff, scheint mir, ist Gott, er gelangt überall hin, ordnet alles an und ist in allem enthalten. Es gibt kein einziges Ding, das daran nicht teilhätte. Es hat aber auch kein einziges Ding in ganz gleicher Weise daran teil wie das andere, sondern es gibt viele Grade sowohl bei der Luft selbst als auch beim Denkvermögen. Denn sie kann mannigfache Eigenschaften annehmen; bald ist sie wärmer bald kälter, bald trokkener bald feuchter, bald ruhiger bald stärker bewegt; und noch viele andere Wandlungsmöglichkeiten trägt sie in sich und unendlich viele Unterschiede in Geschmack und Farbe. Die Seele aller Lebewesen besteht aus demselben Stoff, nämlich aus Luft, die zwar wärmer ist als die äußere, die uns umgibt, aber viel kühler als diejenige im Umkreis der Sonne.« [188]

Interessanter als für die Philosophie ist Diogenes wohl für die Geschichte der Medizin, gibt es doch von ihm genaue anatomische Beschreibungen des Verlaufs und der Funktion der Adern, der Muskelstränge und der inneren Organe des Menschen: »Das dickste Blut saugen die fleischigen Teile auf; wenn es aber darüber hinaus an diese Stellen gelangt, so wird es dünn, warm und schaumig.« [189]

Leukipp und Demokrit von Abdera — der Atomismus

Es bietet sich aus mehreren Gründen an, Leukipp und Demokrit gemeinsam zu behandeln. Beide scheinen schon in der antiken Überlieferung als eine »Einheit«, ja in gewissem Sinne als »korporative Persönlichkeit« auf; hinsichtlich der *Kleinen* und der *Großen Weltordnung* ist die jeweilige Autorschaft umstritten, die Leistung des einen ist dem anderen zugesprochen worden und umgekehrt, obwohl es bei Aristoteles heißt (DK 67 A 6):

»Leukipp und sein Schüler Demokrit sagen, die Elemente seien das Volle und das Leere, wobei sie das eine als seiend, das andere als nichtseiend bezeichnen, und zwar von diesen [Elementen] das Volle und Harte als das Seiende, das Leere und Feine als das Nichtseiende. Aus diesen Gründen behaupten sie denn auch, daß das Seiende um nichts mehr existiere als das Nichtseiende: der Körper bestehe ja auch um nichts mehr als das Leere. Diese [Elemente] bildeten, als Materie, die Ursachen der seienden Dinge. Und genau wie diejenigen, welche nur eine einzige zugrundeliegende Substanz ansetzen, alles weitere aus den Eigenschaften [Veränderungen] dieser Substanzen hervorgehen lassen, indem sie das Feine und das Feste als Prinzipien der Veränderung bestimmten [...] so behaupten auch diese [Denker], daß die Unterschiede die Ursachen von allem Übrigen sind.«

Diese »Kurzformel« des antiken Atomismus nennt Leukipp und Demokrit also ausdrücklich zusammen. Auch an anderen Stellen nennt Aristoteles beide in einem Atemzug (DK 67 A 9): »sie [Demokrit und Leukipp] haben unbeschränkt viele Formen angesetzt. Infolgedessen erscheint, durch die Wandlungen des Verflochtenen, ein und dasselbe dem einen als das Gegenteil dessen, als welches es dem anderen erscheint; und es ändere sich durchaus, auch wenn nur wenig zu der Verbindung hinzukäme, und es erscheine überhaupt als etwas völlig anderes, wenn nur eine [Komponente] ihren Platz verändere. Entsteht doch aus denselben Buchstaben Tragödie wie Komödie.«

Angesichts des Faktums, daß die Überlieferung zwar von Leukipp weiß, andererseits aber seine historische Existenz schlichtweg bestritten wurde, bleiben, vor allem, weil sich zwischen beider Lehrmeinung nicht hinreichend differenzieren läßt, zwei

Möglichkeiten: die zweifelsfreie Priorität der Person und Leistung Demokrits oder nicht näher zu ergründende historische Umstände, die Leukipp berechtigter- oder unberechtigterweise in den Hintergrund treten ließen.[190] Wie immer man die Quellenlage im einzelnen beurteilen und darüber entscheiden mag, sicher ist jedenfalls, daß die Leukipp zugeschriebene Lehre von den Atomen von Demokrit in einer so nachhaltigen und durchschlagenden Weise erweitert und ausgebaut wurde, daß sie sich mehr oder weniger ganz mit seinem Namen verband. Die *Große Weltordnung* zumal wurde in das Corpus der Schriften Demokrits aufgenommen, so wie es nur einen einzigen wörtlichen, Leukipp zugeschriebenen Satz gibt, der seinerseits in der wiederum Demokrit zugeschriebenen Schrift über den Geist überliefert ist:

»Leukipp sagt, alles entstehe aufgrund der Notwendigkeit, die mit der fest determinierten Schicksalsfügung identisch sei. Er sagt nämlich in seiner Schrift *Über den Geist*: Kein Ding entsteht [oder: ereignet sich] aufs Geratewohl, sondern alles infolge eines Verhältnisses [oder: in begründeter Weise] und durch Notwendigkeit.« (DK 67 B 2)

Akzeptiert man die historische Existenz Leukipps, dann war er, wie Mansfeld[191] schreibt, »der Verfasser nur einer einzigen Schrift, wie die große Mehrzahl der vorsokratischen Philosophen. Demokrit war dagegen der Verfasser von mehr als fünfzig Schriften – eine Produktivität, die unter den Vorsokratikern einzigartig ist.« Über Demokrits Lebensdaten gibt es unterschiedliche Annahmen, sicher ist, daß er ein jüngerer Zeitgenosse des Sokrates war und nach 400 v. Chr. gestorben ist. Ausgedehnte Reisen führten ihn bis nach Ägypten, Babylon und Persien; es heißt aber auch: »Ich kam nach Athen und niemand kannte mich« (Fr. 116). Obwohl er Zeitgenosse des Sokrates war, gibt es keinerlei gegenseitig bezügliche Hinweise.

Auf den systematischen Anspruch Demokrits ist bereits hingewiesen worden, läßt sich sein Werk doch hinsichtlich des Umfangs durchaus mit dem des Aristoteles vergleichen. Die systematischen Gesichtspunkte überwiegen allerdings eindeutig in seiner Physik; seine Ethik ist weithin eine Aphorismensammlung ohne Anbindung an die Atomtheorie. In der Naturphilosophie setzt Demokrit die notwendige Existenz des Nichtseienden, der Leere, voraus. Ohne trennende Leere zwischen den Dingen kann es keine Bewegung geben, da sich kein Gegenstand an einen Ort bewegen kann, den bereits ein anderer innehat. Ohne trennende Leere gäbe es auch keine Vielheit der Dinge, denn alles wäre eins. Es gäbe aber auch keine Teilung, denn Teilung kann es nur geben, wenn das Teilende die Zwischenräume der Materie ausfüllt. Umgekehrt folgt aus alledem aber auch die Existenz eines Unteilbaren, d. h. weiter nicht auflösbarer kleinster Bau- oder Bestandteile der Materie; gäbe es sie nicht, so wäre unendliche Teilung möglich, die, zu Ende gedacht, unendliche Leere voraussetzte, also Existenz überhaupt ausschlösse. Demokrit kann daher folgern, daß die Welt aus »Atomen«, unteilbaren Materiekernen, und aus der Leere, dem Nichts, bestehen muß. Aus dem Zusammenspiel beider erklärt sich der Aufbau des gesamten Kosmos. Danach war am Anfang der Zufall. Der Kosmos verdankt sich einer zufälligen Abweichung: Der unendliche Fall der Atome durch die Ewigkeit hindurch wird gestört, weil ein einziges Atom »aus der Reihe fällt« und Kollisionen provoziert, aus denen die Welt entsteht. Mit anderen Worten: Demokrits Weltentstehungstheorie basiert ebenso wie die Urknalltheorie der modernen Physik auf der Vorstellung von einem nicht weiter begründbaren singulären Ereignis. Die Entstehung der Welt ist nicht, wie in der Metaphysik seit Aristoteles, das Ergebnis einer Kausalität, des gesetzmäßigen Zusammenhangs von Ursache und Wirkung, sondern Resultat des Durchbrechens, ja des Herausfallens aus jeder Kausalität.

Die Atome sind unendlich an Zahl und unendlich in ihrer Verschiedenheit an Gestalt und Größe. Die Eigenschaften der verschiedenen Körper wiederum sind durch ihre unterschiedliche Anordnung gegeben. Hinzu kommen Gestalt und Position der sie ermöglichenden Atome. Dabei muß man die Beschreibung, die Demokrit den Atomen im einzelnen gibt, wohl metaphorisch verstehen: Sie sind »schief« oder »mit Haken versehen«, haben »Ausbuchtungen« oder »Beulen«. Gleichartige Atome verbinden sich miteinander, wie sich Gleichartiges überhaupt anziehe – Demokrit glaubt, diese Beobachtung am Strand des Meeres gemacht zu haben, wo sich durch die Wirbel der Wellen runde und längere Kiesel an unterschiedlichen Stellen anlagern.

Allen Atomen ist der Urstoff gemeinsam, an dem sie teilhaben. Dabei befinden sie sich in ewiger chaotischer Bewegung; sie stoßen aneinander, bleiben gegebenenfalls beieinander und trennen sich dann wieder. Entstehen und Vergehen, das zentrale Problem der Naturphilosophie vor Sokrates, sind in Wahrheit nichts anderes als die willkürliche Vereinigung und Trennung der Atome. Sind aber die Atome ewig, dann sind Entstehen und Vergehen nur Oberflächenphänomene, an sich selbst also nichts. Folglich kann es auch keine Mischung geben; was wir scheinbar als solche wahrnehmen, ist nichts weiter als das bloße Nebeneinander der Atome. Die Substanzen selbst, ein Begriff, der Demokrit noch unbekannt war, können sich so wenig vermischen, wie sie in weitere Bestandteile aufgelöst werden können. Die Schwere der einzelnen Körper ist abhängig von ihrem »Materie-Gehalt«, von der Größe der Atome, aus denen sie sich bilden, und von der Leere, die nach wie vor in ihnen herrscht. Demokrit kann so beispielsweise vom Feuer als dem leichtesten Stoff sprechen, da dessen Atome rund und somit die kleinsten und leichtesten sind.

Über das, was bei Demokrit »archē« oder Anfang heißt, gibt es widersprüchliche Überlieferungen. In seiner *Physik* bemerkt

Aristoteles, laut Demokrit sei »alles von selbst entstanden« oder gar durch »Zufall«. Pseudoplutarch ist der Meinung, Demokrit kenne überhaupt keinen Anfang; allerdings ist alles dem Prinzip von Ursache und Wirkung unterworfen und damit *notwendig*. Die Zeit, die Leere und der Raum müssen als ungeworden gedacht werden. Das bedeutet für die Entstehung des Kosmos: Zu einem bestimmten Zeitpunkt befanden sich in einer bestimmten Region des Raumes besonders viele Atome; es entstand eine Art »Stau«, in dessen Folge sich die vorher chaotische Bewegung der Atome in eine gleichmäßige und schließlich in einen großen Wirbel verwandelte, der immer mehr Atome anzog. Innerhalb dieses Wirbels bildeten sich weitere, begrenztere Wirbel, die sich schließlich zusammenballten: Es entstanden die Sterne und Planeten. Unzweifelhaft erhellt aus diesem Modell, daß es unzählige, der unsrigen vergleichbare Welten gibt, die ebenfalls dem Entstehen und Vergehen, der Vereinigung und der Trennung unterworfen sind.

Ebenso soll man sich den Menschen vorstellen, der, wie Demokrit sagt und Aristoteles dann übernimmt, ein Mikrokosmos, »ein Kosmos im Kleinen« (Fr. 34) ist. Die Seele setzt sich bei Demokrit aus extrem kleinen, runden Atomen zusammen, darin dem Feuer vergleichbar; sie sind nur durch das Denken, nicht durch die Sinne zu erfassen; sie sind aber dennoch »körperlich«. Die Seele ist zugleich Keim der Dinge und Ursache der Bewegung: Alles hat eine Seele. So kann Demokrit den Atem als Bewegung der Seelenatome und den Schlaf als Seelenmangel infolge unzureichender Atmung deuten. Der Tod ist mit dem Aufhören des Atems das endgültige Entweichen und Vergehen der einzelnen Seele.

Wenn Demokrit sagt, daß wir in Wirklichkeit nicht erkennen, »denn die Wahrheit liegt in dem Abgrund« (DK 68 B 117), soll dies bedeuten, daß die Erkenntnis, die uns die Sinne vermitteln, keine wirkliche Erkenntnis sein kann. Die Eigenschaften der Dinge, die wir wahrnehmen, sind sekundär, wenn nicht illusionär. Sie entstehen aus der Wechselwirkung zwischen Wahrnehmendem und Objekt, während die wirklichen Eigenschaften, ihre »Atomstruktur«, der sinnlichen Wahrnehmung verborgen bleiben. Diese innere Struktur läßt sich nur im Denken erfahren. Deshalb unterscheidet Demokrit zwischen der »dunklen« Erkenntnis der Sinne und der »wahren« Erkenntnis durch das Denken.

In der »dunklen« Erkenntnis nehmen die Sinne die Bilder, die den Dingen fortwährend entströmen, auf, wobei diese Bilder Atome sind, die sich von den Dingen ablösen und dabei den Charakter der jeweiligen Sache behalten. Sie verweisen also auf die Dinge, ohne sie selbst zu sein. Ähnlich verhält es sich mit den Träumen. Im Schlaf nimmt der Geist unwillkürlich Bilder auf und verarbeitet sie. Dabei kann der Träumende sogar die Gedanken anderer Menschen als Bilder aufnehmen und entsprechend erfahren. Demokrit geht aber noch einen Schritt weiter: Unklare, wirre Träume resultieren daraus, daß die aufgenommenen Bilder bei schlechtem Wetter vom Wind durcheinandergebracht werden.

Der Gedanke lag nahe, die Atomtheorie auch auf die Götterwelt zu übertragen: Was den Menschen Götter zu sein scheinen, sind in Wirklichkeit ebenfalls herumfliegende Bilder, von denen einige gut, andere böse sind. Weil sich die Menschen die Herkunft dieser Bilder nicht erklären können, hielten sie sie in der Vorzeit, unaufgeklärt wie sie waren, für Götter. Demokrit hebt hervor, daß die Luft voll solcher Bilder sei; sie seien jedoch keineswegs unvergänglich. Es gibt keinen unvergänglichen Gott. Demokrit konkretisiert die Projektionsthese, die uns bereits bei Xenophanes begegnete, indem er darauf hinweist, daß die Menschen der Frühzeit auch Naturphänomene wie Unwetter und Erdbeben oder die Sonne und den Wechsel der Tages- und Jahreszeiten mangels einer natürlichen Erklärung auf die Götter zurückgeführt hätten. Über das, was im Hades ist, heißt es zum Beispiel, überliefert bei Proklos (DK 68 B 1):

»Viele der Alten, unter ihnen auch Demokrit in seiner Schrift *Über den Hades*, sammelten Tatsachen über Scheintote, die wiederaufgelebt seien [...]. Der Tod, so stellte sich angeblich heraus, ist in einem solchen Fall kein Erlöschen des gesamten Lebens des Körpers, sondern dieses Leben war, infolge eines Schlages oder einer Verwundung, vermutlich bloß ohnmächtig geworden, und die festgewurzelten Fesseln, welche die Seele an das Mark binden, waren nicht zerbrochen, und das Herz hielt das Lebensfeuer noch in seinem Innern fest. Und weil es diese [Fesseln und dieses Lebensfeuer] immer noch gab, gewann der Körper das erloschene Leben wieder zurück, sobald er zur Beseelung tauglich wurde.«

Überträgt man mutatis mutandis Kategorien der Aufklärung auf Demokrit, läßt sich bezüglich seiner fragmentarisch überlieferten Aussprüche zur Ethik von einer autonomen Moral sprechen, freilich mit den Einschränkungen, die sich aus der Übertragung eines Topos aus dem 18. nachchristlichen ins 5. vorchristliche Jahrhundert ergeben. In diese Richtung weist jedenfalls das, was man den Fundamentalsatz der Ethik Demokrits nennen könnte: »Seine Seligkeit oder Unseligkeit hängt allein vom Menschen selber ab.« (DK 68 B 175)

An anderer Stelle heißt es: »Der Zufall ist zwar großzügig, aber er ist auch unzuverlässig. Unsere Natur hingegen bedarf nichts außer ihrer selbst; das Wenige, was sie uns zusichert, ist deshalb stärker als das Viele, was uns die Hoffnung vormacht.« (DK 68 B 176)

Wie die Ethik in der Antike überhaupt, so sind auch die Überlegungen Demokrits zur Tugendlehre eudämonistisch: Das höchste Ziel des menschlichen Lebens ist die Erlangung der

Glückseligkeit, der »Wohlgemutheit«, die auch Harmonie oder Seelenruhe genannt wird. Dabei ist – Aristoteles wird diesen Gedanken in seiner Lehre von der »mesótēs« aufgreifen – vor allem das Maßhalten in allen Dingen unerläßlich. In aller Lust, im Begehren und Besitzstreben, im Essen und Trinken soll Zurückhaltung geübt werden, denn alles Übermaß ist schädlich, bis hin zu der Grenzbestimmung: »Armut und Reichtum sind nur Namen für Entbehrung und Genughaben. Also ist, wer entbehrt, nicht reich, und wer nicht entbehrt, nicht arm.« (DK 68 B 283) Man soll sich aber auch nicht durch Unglück erschüttern und von seinen Affekten bestimmen lassen, denn nur so lassen sich Seelenruhe und die Freiheit von Angst und Schrecken erlangen.

Entscheidend bei dem Versuch, die Glückseligkeit zu erlangen, ist schließlich das Gutsein, das zur sittlichen Pflicht wird. Bereits die Natur des Menschen gebietet es, gut zu sein, führt schlechtes Handeln doch nur zur Reue. Eine weitere Voraussetzung ist die Beachtung von Recht und Gesetz, da sie, im rechten Sinne verstanden, nur das formulieren, was uns die sittliche Pflicht gebietet:

»Man soll sich vor sich selbst nicht weniger schämen als vor den Menschen, und man soll, wenn niemand es erfahren wird, genausowenig etwas Böses tun, als wenn es alle Menschen erfahren würden. Vielmehr soll man sich vor sich selbst am meisten schämen, und dies sollte ein festes Gesetz für die Seele sein, so daß man nichts tut, was sich nicht gehört.« (DK 68 B 264)

»Die Pflichten gegen die Polis soll man unter allen Pflichten für die wichtigsten halten, auf daß sie gut regiert wird. Dabei darf man weder aus Ehrgeiz gegen die Moral verstoßen noch sich dem Nutzen der Gemeinschaft zuwider Macht aneignen. Denn eine gut regierte Polis ist das bestmögliche Korrektiv, und hierin ist alles beschlossen; wenn dieses erhalten bleibt, bleibt alles erhalten, und wenn dieses zugrunde geht, geht alles zugrunde.« (DK 68 B 252)

Allerdings steht die Bedeutung, die Demokrit dem Staat beimißt, in keinem Verhältnis zum Umfang der erhaltenen und überlieferten Äußerungen zu diesem Thema. Demokrit ist unzweifelhaft ein Anhänger der Demokratie und fordert einen »wohlregierten Staat« und gerechte Gesetze, die im Idealfall Objektivationen der sittlichen Pflichten sind.

Die praktisch-ethischen Schlußfolgerungen Demokrits – die Forderung nach dem »wohlregierten Staat«, die um Familie, Erziehung und Gesellschaft zentrierten Lebensweisheiten[192], die zum Großteil Zeitbedingtes widerspiegeln – zielen auf einen Wertmaßstab, der sich der richtigen Erkenntnis der Wirklichkeit selbst verdankt, d. h., der die Dinge so sieht, wie sie auf dem alles bestimmenden Hintergrund der Atomtheorie gesehen werden müssen. So ist beispielsweise das geforderte Gleichgewicht der Seele, die Euthymie, primär ein physikalischer Zustand, der in Analogie zu den (willkürlichen) Atombewegungen etwa durch Affekte gestört werden kann. Die Forderung, die Extreme (Mangel und Überfluß, große Furcht und schlechtes Gewissen, Mißgunst, Ehrgeiz und Feindseligkeit) zu meiden, die an die Aristotelische »mesótēs« erinnert, spiegelt einen ins Psychische gewendeten Atomismus, nach dem »sich die subjektiven Wertungen aufgrund von lust- und unlustbetonten Vorstellungen auf Wertungen aufgrund von objektiven Verhältnissen der Erhaltung und Störung des Gleichgewichts der Seele zurückführen bzw. durch die letzteren ersetzen lassen«[193]. In diesem Zusammenhang ist auch die Vorwegnahme eines weiteren Aristotelischen Gedankens bedeutsam, des Begriffspaars vom Mikrokosmos und Makrokosmos, das über Aristoteles hinaus einen bestimmten kulturellen Aspekt unseres Denkens bis heute bestimmt. In einem verstümmelt überlieferten Fragment heißt es (DK 68 B 34): »[...] in dem Menschen, der nach Demokrit eine kleine Welt ist [...].«

Pseudo-Galen überliefert (DK 68 B 124): »Demokrit sagt, ›Menschen wird einer sein, und alle Mensch.‹«

Demokrits atomistischer Grundkonzeption entsprechend besteht der Mensch wie alles andere, das sich in der Welt vorfindet, und wie die Welt selbst aus Atomen und unterliegt den gleichen Gesetzen. Das kann positiv bedeuten, daß er – anders als etwa bei Empedokles – kein Fremdling in der Welt ist.[194] Es heißt aber vor allem, daß es eine Übereinstimmung zwischen Menschen und Kosmos gibt, die den Menschen als Welt im kleinen, als Mikrokosmos ausweist. Auch diese Konstruktion hat den Zweck, Werte und Wertdeutungen physikalisch zu fundieren. Sie verweist zugleich auf eine Aporie, die erst bei Platon und Aristoteles nicht nur aufgelöst, sondern überhaupt erst als solche wahrgenommen werden konnte, denn »wenn jener Zustand als wünschenswert bzw. sogar als gewollt angenommen wird, dann läßt sich das im Rahmen der Demokritischen Theorie nicht mehr rechtfertigen, wie denn ganz allgemein Normen niemals im Rahmen einer wissenschaftlichen, naturphilosophischen oder ontologischen Theorie gerechtfertigt werden können«[195].

Die aus heutiger Perspektive eher dem physikalischen Bereich angehörende Atomtheorie Demokrits, die natürlich – wie bereits ihre Rezeption in der Antike zeigt – von metaphysischer Qualität ist, hat sich gerade deshalb auch auf Ebenen Geltung verschafft, die dem naturwissenschaftlich-physikalischen Paradigma allenfalls noch im Rahmen eines »Panphysikalismus« zu integrieren wären. In diesem Zusammenhang wäre beispielsweise an Demokrits Überlegungen zur Sprache zu erinnern.

Laut Heraklit, dem die Sprache der Menschen wohl als erstem zum Problem wurde, waren die Menschen zu töricht zu begreifen, wie es sich mit dem Logos verhält, obwohl der Logos von sich aus auf das allen Gegensätzen zugrunde liegende einheitstiftende Moment verweist und sich als bleibende Ordnung im steten Wandel der Dinge bewährt. An diesem Logos partizipiert der Mensch, so daß er trotz seiner törichten Beschränkungen und Fixierungen in der Vielheit und Gegensätzlichkeit der Dinge eine allem voraus und zugrunde liegende Ordnung erkennen kann. Dieses Ordnungsdenken, das die spätere (vor allem Platonische) Metaphysik vorwegnimmt, sprengt Demokrit, wenn er in den unterschiedlichen Sprachen (»lógoi«) willkürliche Festlegungen vermutet, die konstruiert wurden, um eine Verständigung über die ebenfalls willkürlich entstandenen Dinge zu ermöglichen. Da dies auf der ganzen Erde unter allen Menschen in der gleichen Weise geschehen ist, gibt es eine Vielzahl von Sprachen, die je nach den begrenzten menschlichen Gruppen verschieden sind. Demokrits Konventionalismus bzw. »Nominalismus« gründet in seinem Atomismus. Proklos überliefert (DK 68 B 26):

»Demokrit, der einen konventionellen Ursprung der Wörter behauptet, hat diesen mit vier Beweisen untermauert: (1) Aus der Gleichnamigkeit; denn verschiedene Sachen werden mit demselben Namen bezeichnet, also hat der Name keinen natürlichen Ursprung. (2) Aus der Vielnamigkeit; denn wenn verschiedene Namen sich auf denselben Gegenstand beziehen, beziehen sie sich auch aufeinander, was ausgeschlossen ist. (3) Aus der Namensänderung. [Denn weshalb ändern wir die Namen Aristokles in Platon und Tyrtamos in Theophrast, wenn die Namen einen natürlichen Ursprung haben?] (4) Aus dem Fehlen des Gleichen: Aus welchem Grund leiten wir [das Zeitwort] *sinnen* ab vom [Substantiv] *Sinn*, machen aber keine weitere Ableitung von *Rechtfertigkeit*? Die Namen verdanken ihr Entstehen dem Zufall, nicht der Natur. Er nennt den ersten Beweis [den des] Vielbedeutenden, den zweiten [den des] Gleichgewichtigen, [den dritten (den des) Umbenannten], den vierten [den des] Unbenannten.«

Über die Sprache hinausgehend hat dieser Konventionalismus bei Demokrit Bedeutung für die biologische und gesellschaftliche Organisation der Menschen überhaupt, nimmt er doch an, daß die Menschen ursprünglich in Horden oder Stämmen zusammengelebt haben, über keinerlei Werkzeuge und keinen Schutz verfügten und ihnen Vorratshaltung unbekannt war. Dieser Zustand war – man erinnere sich an Rousseau – von Liebe und Freundschaft, von Zusammenhalt und gegenseitiger Hilfe gekennzeichnet. Die ursprünglichen Künste wie Vorratshaltung, Versorgung im Winter und der Bau von Hütten, um sich vor dem Wetter zu schützen, die Herstellung von Werkzeugen und schließlich die Erfindung des Ackerbaus, die eine Kontrolle über die Nahrung ermöglichte, sind aus Not entstanden. Weitere Verfeinerungen brachte die Entdeckung des Feuers, die jenen relativen »Überfluß« ermöglichte, der zur Entstehung der Künste, etwa der Musik, führte. Kehrseite dieser Verfeinerungen sind jedoch Begehren und Luxus, Neid und Zwietracht.

Im Rückblick auf die vorsokratische Philosophie spricht Kirk vom Atomismus als der Krönung der philosophischen Leistung Griechenlands vor Platon. Es heißt dort u. a. vom Atomismus:

»Er erfüllte das letzte Ziel des ionischen materiellen Monismus, indem er den gordischen Knoten des eleatischen Beweisganges zerschlug. Da er nicht nur Parmenides, Zenon und Melissos viel verdankte, sondern auch den pluralistischen Systemen von Empedokles und Anaxagoras, war der Atomismus sicherlich keine eklektische Philosophie wie die des Diogenes von Apollonia. Im Kern handelte es sich um eine neue Konzeption, und zwar um eine, die von Demokrit weithin und mit Kunstgeschick angewendet wurde und die durch Epikur und Lukrez im griechischen Denken auch nach Platon und Aristoteles noch eine wichtige Rolle spielen sollte.«[196]

Diesem Urteil ist beizupflichten.

5. Systematische Vergewisserung und abschließende Reflexion

In der Zusammenschau der einzelnen im vorangehenden vorgestellten Positionen der Vorsokratiker scheint es, daß ihr Denken sich um drei Problemkreise bewegte, die jedem nachfolgenden Philosophieren ihre Konturen eingeprägt haben. Erstens: das Problem des Verhältnisses von Wissenschaft bzw. empirisch überprüfbarer und in diesem Sinne rationaler Welterklärung und eines Restes, den diese Modi der Erklärung nicht bewältigen können und der dann als fortdauernde Präsenz des Mythos, als lebensweltliche Basisannahme oder schlicht als Irrationalität stehenbleibt; zweitens: das Problem, diesen unverstandenen Rest in Verstehen zu überführen und – die Prinzipien der einzelwissenschaftlichen Forschung transzendierend — zu einer neuen Verhältnisbestimmung von Wirklichkeit und dann näher zu entwerfenden letzten Grundvoraussetzungen zu gelangen, also die Frage nach der Transkategorialität bzw. nach dem, was seit Aristoteles Metaphysik heißt; drittens: die Frage einer Zuordnung von Denken und konkreter Zeit bzw. Zeitbestimmung. Gerade im Umgang mit den Vorsokratikern wird ja deutlich, daß die Philosophie nicht »vom Himmel gefallen« ist, auch wenn noch Parmenides eine Göttin zu ihrer Legitimation bemühen mußte. Schon deshalb ist an der Zeitgebundenheit des vorsokratischen Denkens für die Zeitgebundenheit unseres Denkens und unserer Reaktualisierungsversuche des Vergangenen Maß zu nehmen. Auf alle drei Forderungen, die aus den genannten Problemkreisen sprechen, soll in dieser Schlußbetrachtung eingegangen werden – unter dem kritischen Vorbehalt, daß andere Deutungen nicht nur möglich sind, sondern durch die hier vorgelegte Deutung geradezu herausgefordert werden. Es bietet sich an, parallel zur historisch-systematischen Darstellung der Vorsokratiker mit dem Aspekt der Zeitgebundenheit zu beginnen.

Im Hinblick auf den »nous« des Anaxagoras, den »Grund des Kosmos und der ganzen Ordnung«, spricht Aristoteles von einem »Nüchternen« – im Gegensatz zu »seinen aufs Geratewohl redenden Vorgängern«; von Anaxagoras »wissen wir«, daß er es war, »der sich um solche Theorien bemüht hat« (DK 59 A 58).[197] Wenn sich Aristoteles in seinen Büchern über die »prima philosophia«, in seiner Prinzipienphilosophie, die wir mit dem umstrittenen Titel *Metaphysik* benennen, auf Anaxagoras beruft und seine Nüchternheit preist, dann ist nicht an jenen Protophysiker zu denken, den beispielsweise Simplikios gegen Platon verteidigt hat. Vielmehr beschwört er eine historische Kontinuität für jene Konzeption eines »bíos theōrētikós«, die, wissenssoziologisch gesprochen, die Funktion der Erklärung, der Deutung und des Trostes, einer gewiß erklärungsbedürftigen Kategorie, zusammenbindet. Der Hinweis auf das Moment der Erklärung würde dem Physiker Anaxagoras genügen; mit der Kategorie der Deutung wäre umschrieben, was der Philosophie, hier als Metaphysik in engerem Sinne, nach der Verselbständigung der Einzelwissenschaften als genuine Aufgabe verblieben ist, während die Trostfunktion jenes Moment alteuropäischer Theorie bezeichnet, das sie, etwa in der Auseinandersetzung mit der Frage des Leidens und des Bösen, in die Nähe religiöser Selbst- und Weltauslegung rückt.[198] Diese Symbiose, die »theōría« im Aristotelischen, von den Vorsokratikern hergeleiteten Sinne, ist zerbrochen. Sie lebt freilich als Desiderat fort, denn in dem Maße, in dem die öffentliche und auch diskursinterne Infragestellung aller zeit- und gesellschaftsinvarianten Geltungsansprüche irreversibel ins Bewußtsein dringt und – damit verbunden – auch die Voraussetzungen der auf sie bezogenen Wissenschaften problematisch werden, wächst das öffentliche Interesse an den »Kulturwissenschaften« bzw. den »Geisteswissenschaften« sowie an einer Gestalt von Philosophie, die, wie gerade Studienanfänger immer wieder versichern, mehr sein soll als Philologie und antiquarisches Interesse.

So ist auch über das engere akademische Umfeld hinaus eine merkwürdige Indienstnahme der Philosophie, aber auch der Geisteswissenschaften überhaupt, zur Kompensation der eigenen Sinn- und Orientierungsdefizite zu beobachten, Ausdruck des Irrglaubens, eine Entwicklung könne rückgängig gemacht werden, in der sich die politischen, ökonomischen und kulturellen Strukturen zu einer einzigen Makrostruktur gebündelt haben.

Ein aktuelles Beispiel: Die Regierung des Landes Nordrhein-Westfalen hat jüngst ein von den Hochschulen unabhängiges »Institut für Kulturwissenschaften« gegründet, das in der Öffentlichkeit mit dem Hinweis darauf vorgestellt wurde, daß die Geistes- und Sozialwissenschaften als Kulturwissenschaften im Hinblick auf die Sinngebung des menschlichen Zusammenlebens unverzichtbar seien.[199] Danach führen die neuen Technologien einen Orientierungsbedarf mit sich, den allein die Kulturwissenschaften befriedigen könnten. Eine typisch moderne Desorientierung, Zerrissenheit und Überforderung rufen nach Konsensstiftung, Sinnfindung und Identitätsbildung, Klagen, die seit den zwanziger Jahren vertraut sind und stereotyp fatale Verbindungen zwischen technologischem Fortschritt und Sinnverlust herstellen. Neu an dieser Konstellation ist die von den Kulturwissenschaften wie selbstverständlich eingeklagte Orientierungsleistung, der sich der philosophische Diskurs offensichtlich gerne annimmt.

In weiten Teilen zumindest der deutschsprachigen Philosophie der letzten Jahre übt kaum ein Wort eine solche Faszination aus wie das Stichwort von der »Orientierung«, über das sich die fraglich gewordenen Traditionspotentiale problemlos wieder der erneuten Aneignung zuführen lassen sollen. Nicht nur aus solchen philosophieinternen Bemühungen, sondern vor allem aus den Erwartungen, die in Politik und Gesellschaft augenscheinlich mit ihnen verbunden werden, spricht die Suggestion, Definitives über Selbstverhältnisse und Selbstverständnisse der Menschen im postindustriellen Zeitalter zu erfahren. Die Einsicht, daß sich jene nur bedingt, wenn überhaupt, in den *Wissenschaften vom Menschen* wiederzuerkennen vermögen, weil sie hier nur Abstraktionen, Idealtypen oder Idealisierungen begegnen, hat dazu geführt, das Faktenwissen der Wissenschaften einem besonderen *Orientierungswissen* gegenüberzustellen, das dazu noch ausschließlich in die Verantwortung des Philosophen gestellt wird. Ihm wird zugetraut, die Kraft der Weltdeutung auf überzeugende Weise mit den lebensweltlichen, alltäglichen und vorwissenschaftlichen Zusammenhängen verschmelzen zu können. Solches Orientierungswissen wäre zugleich die gelungene Versöhnung von Theorie und Praxis, wie daraus erhellt, daß die Orientierungsbedürfnisse, die für die späte Moderne charakteristisch zu sein scheinen, eben dadurch produziert werden, daß die Verwissenschaftlichung der Lebenswelt ein im Grunde unumkehrbarer Prozeß ist.

Daneben scheint in den gegenwärtigen Diskussionen um Moderne und Postmoderne der Begriff der »Identitätszumutung« als ein häufig verwendetes Schlagwort auf. Das Gewicht der Identitätszumutung wird vor allem vor dem Hintergrund des Grundpostulates postmodernen Denkens deutlich, des Verzichts auf eine Welterklärung aus einheitlichen Prinzipien, mögen sie nun Gott, Vernunft oder die Dynamik der Produktivkräfte heißen. Die *Zentralperspektive* wird als optische Täuschung entlarvt, und was dem Menschen als Wirklichkeit erscheint, bleibt fragmentarisch. Jeder scheint deshalb auf sich selbst zurückgeworfen zu sein, ohne begründete Hoffnung, seinen Platz in einem Kosmos finden zu können. Mit dem Gedanken einer einheitstiftenden Vernunft verabschiedet sich der Gedanke des Fortschritts aus dem Arsenal der Hoffnung verheißenden Daseinsdeutungen.

Der antisystematische Gestus, der aus dem allen spricht, ist nicht nur für die Philosophie, aber vor allem für sie, eine unübersehbare Herausforderung, besonders dort, wo sie auf eine Übererwartung an Theorie trifft, wie sie sich mit dem Begriff der Orientierung leicht verbinden mag. In seinem Roman *Der Mann ohne Eigenschaften* spricht der Schriftsteller und Philosoph R. Musil von einem »ausgesprochenen Mißtrauen« gegen »große Stücke der Philosophie [...]. Man hält sie einfach für unmöglich.«[200] Auch wenn dieses »man« kein philosophisches Argument ist, verweist es doch auf jenen Zeitindex, der noch der abstraktesten Reflexion eignet. Ein Blick auf Hegel lehrt sehr deutlich, daß es die Überdetermination der Vernunft war, die ihren Einbruch in die Geschichte erzwang, sie verzeitlichte und damit der Relativierung durch die Geschichte unterwarf. Die metaphysischen Gewißheitsressourcen haben sich verflüchtigt. Rückblickend auf diese Geschichte zeichnen sich Ersatzbildungen ab, von denen gegenüber der Annäherung an das restriktive Rationalitätsmodell empirisch verfahrender Wissenschaften einerseits und bloßer Philologie andererseits die Aufhebung der diskursiven Selbstbeschränkung durch einen erweiterten, der Unüberwindbarkeit des situativen Momentes der Vernunft Rechnung tragenden Rationalitätsbegriff als die aussichtsreichste solcher Möglichkeiten erscheint. Eine solche Aufhebung repräsentiert auch wie keine andere die Kontinuität dessen, was mit den Vorsokratikern begonnen hat. Sie setzt allerdings die gegenseitige Bezüglichkeit von Metaphysik und Geschichte voraus. Von der Tradition des Begriffs wie der Sache der Metaphysik her ist sie nicht selbstverständlich, sieht man einmal von der zum Existential stilisierten *Geschichtlichkeit* ab, die ja im Grunde nichts anderes als die Aufhebung realer Geschichte im Sinne schlichter Negation meint. Auszuschließen sind von solcher Bezüglichkeit Ausprägungen der Metaphysik, in denen sich diese als Prinzipienwissen darstellt, sei es im Sinne der frühen »archaí«, sei es im Sinne der Aristotelischen »theōría« als der Explikation der ersten Prinzipien des Denkens und Seins. Diese Funktion scheint weniger in der Metaphysik nach Kant, die von der Disjunktion theoretischer und praktischer Vernunft, Wissenschaft und Postulat her denkt, präsent zu sein als in der Logik, den Prinzipien des Denkens oder in Formen einzelwissenschaftlicher Forschungen wie der Protophysik oder gewissen Aspekten der Biochemie.

Das kann nicht heißen, daß sich Philosophie in einem veränderten Zusammenhang zwangsläufig in Essayistik auflösen müßte. Soll aber der Topos von der »situativen Vernunft« nicht das Synonym für Relativismus und Historismus sein, also einer schlichten »Vergleichgültigung« der Inhalte, sind folgende Zusatzannahmen notwendig: Es gibt eine interne Entsprechung von Erkennen und Sein, und auch der diskontinuierliche Wechsel einzelner Vernunftmomente (etwa subjektiver und objektiver, zweckrationaler und postulatorientierter Vernunft) folgt einer immanenten Logik. Beide Annahmen sind ihrerseits metaphysischer Qualität, insofern die erste Annahme die historisch kontingente Abfolge auf eine nichtkontingente Struktur bezieht (die Historisierung der Vernunft gewinnt eine Unhintergehbarkeit, die selber nicht mehr historisch bzw. prozeßhaft zu denken ist), und die zweite involviert, daß der rekonstruktive Blick des Philosophen, aber auch der des Historikers, in allen Partikularismen ein hypothetisches Ganzes immer schon voraussetzt.

Wenn die Ergebnisse der empirischen Forschung in Begriffen und Urteilen bestehen, die selbst nicht empirische Wirklichkeit sind, sondern diese nur denkend ordnen, dann kommt alles auf die Analyse des Sinns und der Bedeutung bestimmter Wertungen innerhalb der Gesamtheit möglicher letzter Werte an. Die Entscheidung zu wissenschaftlicher Objektivität hängt daher mit der Frage nach der Bedeutung der Welt überhaupt zusammen. Scheinbar gegenläufig nimmt in dem Maße, in dem selbst ein noch residualer metaphysischer Fundus verabschiedet wird, der praktische Universalismus konkreter Einzelforschung die Form eines Metaphysiksurrogates an, zum Beispiel wenn sich die *praktische* Philosophie – um die Aristotelische Unterscheidung zu variieren – im Verhältnis zur Praxis als »prima philosophia« ausweist. Sie verbindet sich dabei nicht zufällig mit einem Reduktionismus, der Lebensformen in Seinsweisen, Wissensformen in einer letzten, fraglosen Systematik gründen läßt. Treffend kennzeichnet diesen Zusammenhang das Stichwort von der »wissenschaftlichen Lebensform«, das zugleich jene alteuropäische Einheit von Philosophie und Wissenschaft (das Aristotelische Ideal des »bíos theōrētikós«) zitiert, die im Laufe der Geschichte des Verhältnisses von Philosophie und Wissenschaft zunehmend auseinandergetreten ist. Der Versuch einer erneuten, in der Einheit von Affektbildung, Kulturbildung und Handlungsnormierung das Daseinsgefühl der Antike erneuernden »Kosmisierung« der Welt schwindet angesichts eines differenzierteren Wissenschaftsverständnisses, dem die Fragen, die traditionell als metaphysische gelten, unentscheidbar geworden sind. Die Einzelwissenschaften ziehen den Rationalitätsanspruch metaphysischer Theoreme in Zweifel und rücken sie in die Nähe religiöser oder ästhetischer Selbstvergewisserung und Weltdeutung. In der Retrospektive stellt sich jene Philosophie, die von Ionien bis Jena galt, als »Glaube« dar, der sich für »Wissen« hielt, als Glaube an ein die Einzeldinge übersteigendes und umgreifendes Allgemeines, Absolutes, als Hierarchie von Abstraktionen bis hin zum »reinen Sein«, in dem bereits der frühe Ontologismus eines Parmenides das »Wesen des Göttlichen« wahrzunehmen meinte. Das heißt aber: Die unterschiedlichen Systeme der Metaphysik stimmen in dem Versuch überein, die Welt derart zu rekonstruieren, daß sie vorgegebenen bzw. vorausgesetzten Sinnschemata entspricht. Beachtenswert ist in diesem Zusammenhang der Weltbezug, der der Metaphysik unbeschadet aller Kritik eingeräumt wird.

Die Wiederbelebungsversuche bestimmter Ontologien, die, wie beispielsweise bei Heidegger deutlich wird [201], gerade auch im Rückgriff auf die Vorsokratiker vorgenommen werden, bezeugen die Faszination eines identifizierenden Denkens, dessen Gattungsbegriffen auf der Ebene der Logik inhaltlich die supranaturale Jenseitigkeit einer substantialistischen Rationalität entspricht. Das ontologische Denken orientiert sich an einem »Wesen der Dinge«, das hinter der Welt der Konkretionen als substantielles Sein zu entdecken bleibt. Die menschliche Vernunft ist dann die passive Empfängerin einer zeitlosen Sachstruktur, die unveränderlich vorgegeben ist. »Theorie«, von Aristoteles als höchste Erscheinungsform von »Praxis« eingeführt, ist die zeitlose Schau eines Zeit- und Geschichtslosen, ein Akt der Intuition. An der Welt, sowohl als naturalem Substrat wie als »Welt des Menschen«, ist nichts zu formen und zu gestalten, weil sie hierarchische und kosmische Ordnung ist.

Soweit das Philosophie- und Wissenschaftsverständnis seit dem Ende der Vorsokratik bis zum Beginn der Neuzeit.

Die neuzeitlichen Wissenschaften verdanken ihre normierende Kraft der definitiven Ausgrenzung des sogenannten Orientierungswissens. Lebensweltliches und objektives Wissen, Orientierung und Wissenschaft sind nicht mehr aufeinander bezogen.

Ein Ergebnis aus dieser Entwicklung ist die vielzitierte Krise der Philosophie als einer *Über-Wissenschaft*, die sich als objektive Erkenntnis einer letzten, das Ganze bestimmenden Wirklichkeit verstehen konnte. Auch die Philosophie, die nicht Metaphysik sein will, ja diese ausdrücklich kritisiert, ist in diese Krise schon dann verwickelt, wenn sie eine Totalität fordernde, die Einzelwissenschaften umfassende und begründende Theorieform zu sein beansprucht, beispielsweise als »Wissenschaftstheorie«. Andererseits gilt aber auch: Wenn *Kultur*, reflexiv geworden, wesentlich darin besteht, innerhalb einer bestimmten Zivilisation – in diesem Falle der technisch-wissenschaftlichen – Grundorientierungen im Hinblick auf Identitätsbildung und Identitätsbewußtsein auszubilden, dann kann hinsichtlich der sich selbst in dieser Weise verstehenden Geisteswissenschaften nur von partiellen, und das heißt hier *affirmativen* Orientierungen die Rede sein. Sie machen die technisch-wissenschaftliche Welt dem Menschen im Sinne von Akzeptanz und Zustimmungsfähigkeit verstehbar. Daraus folgt: Wahrheit und Falschheit genügen keineswegs als Kriterien geisteswissenschaftlicher Erkenntnis. Sie beschreiben lediglich Vorgegebenes, fragen aber nicht nach den jeweiligen normativen Absichten, die ihrerseits nach den Kriterien von richtig oder unrichtig beurteilt werden müssen. *Akzeptanz* steht gegen *Relevanz*. Zwischen Hyperrationalisierung einerseits und der schlichten Hinnahme kontingenter Wirklichkeiten andererseits wäre Philosophie im Sinne solcher Orientierung als die sowohl integrative wie grenzüberschreitende Analyse der Kultur zu charakterisieren, wobei *Kultur* für den Inbegriff aller menschlichen Arbeit (theoretischer wie praktischer Natur) sowie aller aus ihr ableitbaren Lebensformen stünde. Die einzelnen Fachwissenschaften als Ergebnisse solcher Arbeit wären dabei natürlich einzubeziehen. Nicht die erkenntnistheoretische oder wissenschaftsanalytische Begründung dieser Wissenschaften macht sie zum Gegenstand philosophischen Nachdenkens, sondern ihre Teilhabe an der *kulturellen Form der Welt.*

In der Lebenswelt ist immer schon implizit und vorthematisch der Bezug auf das vorgegebene und überlieferte Ganze der Metaphysik erkennbar, weil jedes Denken, das sich der gängigen Aufsplitterung von *Tatsachen* und *Werten* verweigert, in der Tradition und Kontinuität der Metaphysik steht. Jede Verweigerung gegenüber reduktionistischen Verkürzungen, handle es sich dabei um die Versuchung zur »Wissenschaftsförmigkeit« im Kritischen Rationalismus oder um die eines vordergründig *postmodernen* Holismus, ist im geheimen ein Plädoyer für die Metaphysik, die einerseits in der Spekulation über das sicher Wißbare der Wissenschaften hinausgreift, andererseits die *unkontrollierte* Spekulation dadurch beschneidet, daß sie fragt, was wir denn in Wahrheit wissen können.

Das im Verhältnis zur traditionellen Metaphysik Neue an dieser Situation mag darin zu sehen sein, daß sich ein solches Denken wohl kaum noch der Pfade bewährter Methodologien versichern kann. Denn, so bemerkt M. Theunissen: »Metaphysik ist heute wohl nur noch als eine solche möglich, die im Durchgang durch die fachwissenschaftlich erforschte und persönlich angeeignete Welt ein Anderes gegenüber dieser Welt aufscheinen läßt, ohne sich seiner Existenz zweifelsfrei versichern und ohne es positiv bestimmen zu können. Metaphysik, bei den Griechen konzipiert als erste Philosophie, wird sich unter den gegenwärtigen Bedingungen damit begnügen müssen, letzte Philosophie zu sein.«[202]

Ein mögliches Ziel eines solchen Vermittlungsversuches ist die Wiederaufnahme von Fragen, die sich auf der Ebene des einzel- oder fachwissenschaftlichen Paradigmas weder positiv noch negativ entscheiden lassen.

Die Frage nach dem wissenschaftlichen Status philosophischer Orientierung ist nicht zufällig mit der nur auf den ersten Blick umfassenderen Frage nach den Möglichkeiten und Grenzen rationaler Diskurse nahezu kongruent. Dabei soll weder die Eigendynamik und Autonomie der Einzelwissenschaften eingegrenzt noch auf ein abgegrenztes Nebeneinander der verschiedenen Wissenschaftsdisziplinen hingearbeitet werden. Leitvorstellung bleibt der rationale Diskurs angesichts einer legitimen Pluralität der Perspektiven. Seine kommunikative Struktur fällt mit dem schlichten Postulat zusammen, daß Menschen auch über kulturelle Grenzen hinweg zu einer Verständigung im Medium der (situativen) Vernunft fähig sind. Die gegenwärtig vieldiskutierten Inkulturationsmodelle machen überhaupt nur auf dem Hintergrund einer solchen Grundannahme einen Sinn. Damit wird nicht nur eine formale Instanz benannt, die Orientierung im Ganzen des Wissens gewährleistet, indem die Vernunft die Vielzahl ihrer Perspektiven sowohl auf das wissenschaftliche als auch auf das lebensweltliche Wissen verweist, aber dies ist gerade kein besonderes Wissen, etwa im Sinne des Schelerschen Heils- und Erlösungswissens[203], wie wir es bereits bei Pythagoras kennengelernt haben. Es handelt sich, wiederum anders als bei Pythagoras, weder um tiefe Einsichten und Erkenntnisse, auf die man ohne weiteres durch Nachdenken nicht kommen könnte, noch um eine besondere Lebenspraxis, sondern um eine Instanz, die Orientierung im Ganzen des Wissens schafft, ohne damit Wissen des Ganzen im Sinne traditioneller Metaphysik zu sein. Die Aufgabenstellung lautet anders: Philosophie ist nunmehr die »Tätigkeit der denkenden Orientierung im Bereich der Grundlagen unseres Denkens, Erkennens und Handelns«[204]. Die Differenz zwischen Erkennen und Erkenntnis, die den Hintergrund dieser Bestimmung bildet, führt weg von einem substantialistischen Orientierungswissen; der Bezug des philosophischen Erkennens zu den konkreten wissenschaftlichen Erkenntnissen öffnet den Blick auf ein Spezifikum, das man als die »Thematisierung dessen, was unseren Thematisierungen im Denken, Erkennen und Handeln immer schon vorausgeht und ihnen zugrunde liegt« [205], bezeichnen könnte: »Reflexion in diesem Sinne ist das Medium der Philosophie, die nicht mehr Metaphysik sein kann, und sie ist die Basis der Orientierungen, die wir in ihr suchen. Es wäre irreführend, diese Selbstthematisierung als eine wissenschaftliche im Sinne der einzelnen Wissenschaften aufzufassen und sich davon sachhaltige philosophische Erkenntnis zu erhoffen.« [206]

Der Hinweis auf diesen »explikativen Diskurs«, die Metaphysik-Funktion von Philosophie nach der Einsicht in die Unmöglichkeit einer substantialistischen Metaphysik, weist in Richtung einer neuen, veränderten Wahrnehmung philosophischer Weltbetrachtung. Weiter oben haben wir darauf hingewiesen, wie die Analyse bestimmter Wertungen in den Mittelpunkt einer Weltbetrachtung rückt, deren Begriffe und Urteile keine empirische Wirklichkeit mehr sind: Die *kausale Zurechnung* wäre dann, wie M. Weber [207] betont hat, das genuine Feld philosophischer Praxis, gerade in bezug auf bestimmte Kulturwerte, deren Geltungsansprüche nicht mehr einer Reduplikation der Welt entspringen, sondern der konstitutiven Differenz von substantialistischer Welt und funktionaler Poiesis.

Im neuzeitlichen Prozeß der Ausdifferenzierung der Einzelwissenschaften war das Moment der Entscheidung zu einer »wissenschaftlichen Objektivität« zugleich die Entscheidung gegen orientierende, explikative Diskurse, eine Entscheidung freilich, die sich ihrerseits nicht von der Frage nach der Bedeutung der Welt überhaupt trennen läßt. Inversiv kommt sie also doch wieder bei der Metaphysik aus, denn: Auf die Frage, ob die Welt, wie sie die Wissenschaften beschreiben, es wert sei zu existieren, ob sie einen Sinn habe und es sinnvoll sei, in ihr zu existieren, hält die

Wissenschaft selbst keine Antwort bereit. Ob es aber eine, viele oder keine Antworten auf diese Frage gibt, ist das Ergebnis einer vorgängigen Orientierung, in bezug auf die sich die traditionelle Aufteilung der Philosophie in unterschiedliche Teildisziplinen offensichtlich als wenig hilfreich erweist. Eine die Einzelwissenschaften begründende und überbietende Theorieform, ihrerseits kritisch durch diese Wissenschaften gesichtet, ist diesseits der gängigen Schemata postmoderner Logozentrismuskritik daher mehr als ein bloßes Desiderat. Nur im Rahmen einer solchen Theorieform ist gewährleistet, daß die von der Philosophie erwartete Orientierungsleistung nicht mit der erneuten Synthetisierung der Ergebnisse der Einzelwissenschaften oder gar ihrer Transformationen in unmittelbare Handlungsnormierung zusammenfällt. Dies wäre eine Wiederauflage der Antike unter schlechten Vorzeichen. Die Selbstbescheidung der Philosophie auf Anfragen an die Einzelwissenschaften diesseits des Absolutheitsanspruchs der philosophischen Systeme der Vergangenheit bahnt den Weg zu einem neuen Selbstverständnis von Philosophie, von dem auch gilt, daß der Diskurs über die Philosophie nicht die Philosophie selbst ist.

Der antiken Philosophie kommt vor allem hier, ungeachtet der Zeitbedingtheit der meisten ihrer Lösungsvorschläge, eine Vorbildfunktion zu. So stellen, um ein Beispiel zu nennen, nach Überzeugung der Stoa die einzelnen Teile der Philosophie, die Physik, die Ethik und die Logik, in Wirklichkeit nicht Teile der Philosophie selbst, sondern nur Teile des philosophischen Diskurses dar. Will man Philosophie lehren – Kant sprach bekanntlich vom »Schulbegriff« der Philosophie, dem er ihren »Weltbegriff« gegenüberstellte –, dann muß man eine Theorie der Logik, der Ethik oder der Physik formulieren. Die philosophische Lebensweise dagegen ist keine in einzelne Teilgebiete gliederbare Theorie, sondern eine einheitliche Haltung. Hier wird keine

Theorie der Logik aufgestellt, sondern man spricht und denkt richtig, man entwirft keine Theorie der Natur, sondern fügt sich – charakteristisch für die Antike – in den Kosmos ein; man ersinnt auch keine Theorie des sittlichen Handelns, sondern handelt gerecht.

Polemon, eines der Häupter der athenischen Akademie, konnte sagen, »daß wir uns im Umgang mit den Dingen und nicht mit dialektischen Untersuchungen zu üben haben in der Art eines Mannes, der ein Handbuch der Harmonie auswendig lernt, sich aber nie praktisch danach übt, so daß wir wegen unserer Syllogismen bestaunt werden, uns aber in bezug auf unsere Lebenshaltung widersprechen«[208].

Bei Epiktet heißt es lapidar: »Der Zimmermann sagt nicht zu euch: Hört, wie ich über die Kunst des Zimmermanns räsonniere, sondern er verdingt sich vertraglich für ein Haus und baut es [...]. Mache du es ebenso. Iß wie ein Mensch, trink wie ein Mensch, heirate, habe Kinder, nimm am Leben der Stadt teil, verstehe es, Ungerechtigkeiten zu erdulden und die anderen Menschen zu ertragen.«[209]

Es sei zugegeben, daß uns diese Einstellungen fremd sind und bei aller orientierenden Tendenz doch gerade gegen die Orientierung durch Theorie sprechen. Deshalb mag zum Schluß der Gedanke der Aufklärung, die ja auch Reflexion im Sinne der Thematisierung unserer Thematisierungen ist, noch einmal betont werden, gerade weil hier das Stichwort von der »Orientierung« konkret wird – nämlich in der Frage nach dem *gelungenen* Leben. Seitens der Philosophie, 2500 Jahre nach Aristoteles, kann man sich der Idee des guten, gelungenen Lebens nur unter Vorbehalten nähern, die in der Reflexion selbst gründen: geht es hier doch jenseits der bloßen Akzentuierung und Realisierung allgemein akzeptierter »Essentials« um das, was emphatisch »Sinn des Lebens« heißt. Von der Unlösbarkeit dieser Frage im Medium des Diskurses zu sprechen, heißt nun aber nicht, wie beispielsweise noch in der Lebensphilosophie an der Wende vom 19. zum 20. Jahrhundert, die ethischen, philosophischen, ideenpolitischen, religiösen oder, allgemeiner, die die Wertproblematik betreffenden Diskussionen um einen übersteigerten Lebensbegriff zu zentrieren, der die Gefährdungen, denen sich das Leben angesichts des Voranschreitens technisch-wissenschaftlicher Verfügungsmacht und ihrer fatalen Folgen ausgesetzt sieht, seinerseits dadurch ideologisiert, daß er sie privatistisch überhöht. Das Beharren auf der Idee des gelungenen Lebens kann kulturkritisch nur bedeuten, daß die spontanen Kräfte der Imagination, der Phantasie, aber auch einer angesichts zunehmender Irrationalismen selbstbewußten Rationalität in das Zentrum dessen rücken, was Max Weber das »stählerne Gehäuse« einer durchrationalisierten Welt genannt hat.

Als Ergebnis eines solchen ideenpolitischen Ausblicks bleibt die Einsicht: Die Realität, auch des gelungenen Lebens, ist das Bewußtsein der *Differenz*. Wie dies für den Diskurs auf der Schneide von Theorie und Praxis gilt, so für die Aufnahme und Anverwandlung jener Topoi aus der Frühzeit der Philosophie, die sich am ehesten um den Begriff der Aufklärung zentrieren lassen. Allerdings kann, wie sich unter anderem schon am Beispiel des Xenophanes gezeigt hat, »Aufklärung« hier weder im Sinne schlichter Rückübertragung die Ineinssetzung mit dem Aufklärungsbegriff des 18. Jahrhunderts noch das monokausale Schema »vom Mythos zum Logos« meinen. Im Mythos, dem bloß reaktiven Denken, herrscht, wie verborgen auch immer, Aufklärung, und umgekehrt kann selbst die Aufklärung der mythischen Schemata nicht ganz entraten. Diese Einsicht kann zu einer »Dialektik der Aufklärung« beitragen, wie sie M. Horkheimer und Th.W. Adorno[210] nicht zufällig am Beispiel der Homerischen *Odyssee* aufzuzeigen und zu begründen versucht haben. Sie kann aber auch bedeuten, daß neben die Theorie die Metaphorik, neben den Diskurs das lebensweltliche Moment tritt. Angesichts dieses Bewußtseins stehen uns die Vorsokratiker vielleicht näher, als es die vielfältigen Distanzierungen vermuten lassen, wird doch die Vernunft sich selbst nur durchsichtig in der Konfrontation mit dem Anderen im Verhältnis zur Vernunft, wie bereits die Schlüsselanekdote von Thales und der thrakischen Magd lehrt.

Anhang

Anmerkungen

1 Chr. Meier, Athen. Ein Neubeginn in der Weltgeschichte, Berlin 1993.

2 Nicht zufällig verdanken wir eine überwältigende Anzahl der fragmentarisch überlieferten Aussprüche der Vorsokratiker Aristoteles, in dessen Schriften sie vielfach nicht als etwas zu Überwindendes, sondern als Gedanken zitiert werden, die es weiterzuentwickeln gilt.

3 Aristoteles, Nikomachische Ethik, X 7, 1177 a 17 ff. und VI 7, 1141 a 18 ff.

4 So schrieb M. Horkheimer, Die Sehnsucht nach dem ganz Anderen, Hamburg 1970, S. 82f.: »Die wahre gesellschaftliche Funktion der Philosophie liegt in der Kritik des Bestehenden. Das bedeutet keine oberflächliche Nörgelei über einzelne Ideen oder Zustände, so als ob der Philosoph ein komischer Kauz wäre. Es bedeutet auch nicht, daß der Philosoph diesen oder jenen isoliert genommenen Umstand beklagt und Abhilfe empfiehlt. Das eigentliche Ziel einer derartigen Kritik ist es zu verhindern, daß die Menschen sich an jene Ideen und Verhaltensweisen verlieren, welche die Gesellschaft in ihrer jetzigen Organisation ihnen eingibt.« Was hier als das Ziel von Theorie bezeichnet wird, wäre nicht nur in den Augen des Aristoteles schlechterdings nicht theoriefähig.

5 Vgl. hierzu: C.-F. Geyer, Aporien des Metaphysik- und Geschichtsbegriffs der Kritischen Theorie, Darmstadt 1980.

6 Im folgenden werden Gedanken wiedergegeben, die G. Colli zur Diskussion gestellt hat: Vgl. G. Colli, Die Geburt der Philosophie, Frankfurt/M. 1981, S. 13-20.

7 Zwar kennt die Antike die sogenannten »Sieben Weisen«, doch L. De Crescenzo, Geschichte der griechischen Philosophie. Die Vorsokratiker, übers. von L. Birk, Zürich 1985, S. 21, bemerkt zutreffend: »Die Sieben Weisen waren zweiundzwanzig, nämlich: Thales, Pittakos, Bias, Kleobulos, Chilon, Periandros, Myson, Aristodemos, Epimenides, Leophantos, Pythagoras, Anacharsis, Epicharon, Aku-

silaos, Orpheus, Peisistratos, Pherekydes, Hermioneos, Lasos, Pamphilos und Anaxagoras. Das braucht uns nicht besonders zu wundern. Die in den heiligen Texten überlieferten Weisen waren so zahlreich, weil die Verfasser der Philosophiegeschichten sich über die Namen nie einigen konnten [...].«

8 Davon zeugen die vielen unterschiedlichen literarischen Formen der Philosophie vom platonischen Dialog über die wissenschaftliche Abhandlung, den Essay, den Aphorismus, Roman, das Theaterstück u.v.a.m. bis heute; vgl. dazu: G. Gabriel/Chr. Schildknecht (Hg.), Literarische Formen der Philosophie, Stuttgart 1980.

9 G. Colli, a.a.O., S. 14.

10 H. Diels, Die Fragmente der Vorsokratiker (gr./dt.), Bd. 1 und 2: Berlin 1903, Bd. 3: Berlin 1906. Seit der fünften Auflage (1934) werden die Fragmente sowie die Register von Walther Kranz herausgegeben. Die sechste, verbesserte Auflage erschien 1951; aus den Jahren 1984 und 1985 liegen repr. Nachdrucke vor. Die von Diels/Kranz vorgenommene Zählung der Fragmente ist die maßgebliche und wird in anderen Ausgaben und Übersetzungen stets angeführt. (Die Chiffre A bezeichnet dabei die Berichte antiker Schriftsteller, die Chiffre B wörtliche Zitate.) Die in dieser Einführung zitierten Fragmente werden, wenn nicht anders vermerkt, in der Übersetzung von J. Mansfeld, Die Vorsokratiker (gr./dt.), Stuttgart 1987, wiedergegeben.

11 Die deutsche Ausgabe von O. Apelt ist in Meiners Philosophischer Bibliothek (PhB 53/54) erschienen (2. Aufl., Hamburg 1967).

12 Theophrast, Die Lehren der Naturphilosophien, entstanden ca. 335 v. Chr. (Ausgabe: H. Diels, Doxographi Graeci (1879), repr. Nachdruck: Stuttgart 1976). Aus dem nicht vollständig erhaltenen Werk in achtzehn Büchern gibt es ein umfangreiches Fragment über die Sinneswahrnehmung sowie Exzerpte antiker Autoren; gegliedert war die Schrift nach Sachgebieten; am Anfang stand die Darstellung der unterschiedlichen »archaí«, der Prinzipien des Seienden. Es folgten Aussagen über Gott, den Kosmos, die Himmelserscheinungen, die Psychologie und Physiologie.

13 Vgl. hierzu den Stammbaum der Quellen zur Geschichte der vorsokratischen Philosophie bei: W. Capelle (Hg.), Die Vorsokratiker, 4. Aufl., Hamburg 1953, Anhang.

14 G. Colli (Hg.), La sapienza greca, Bde. 1-3, Turin 1977-1980.

15 An weiteren Textsammlungen und Editionen seien genannt: K. Bormann, Parmenides. Untersuchungen zu den Fragmenten, Hamburg

1971. – H. Daiber (Hg.), Aetius Arabus. Die Vorsokratiker in arabischer Überlieferung, Wiesbaden 1980. – C. Diano/G. Serra (Hg.), Eraclito. I Frammenti e le testimonianze, Mailand 1980. – Ch.H. Kahn (Hg.), The Art and Thought of Heraclitus. An Edition of the Fragments with Translations and Commentary, Cambridge 1979. – A. Maddalena (Hg.), Ionici. Testimonianze e frammenti, Florenz 1963. – M. Plessner, Vorsokratische Philosophie und griechische Alchemie, Wiesbaden 1975 (enthält die Texte aus der sog. *Turba Philosophorum*). – C.J. de Vogel (Hg.), Greek Philosophy, Bd. 1: From Thales to Plato, 4. Aufl., Leiden 1969. – F.J. Weber (Hg.), Fragmente der Vorsokratiker, Paderborn 1976. – M.R. Wright (Hg.), Empedocles: The Extant Fragments, New Haven/London 1981.

16 G.S. Kirk/J.E. Raven/M. Schofield, Die vorsokratischen Philosophen. Einführung, Texte und Kommentare, übers. von K. Hülser, Stuttgart/Weimar 1994 (Originalausgabe: 2. Aufl., Cambridge 1983).

17 Ebenda, S. 84.

18 Ebenda, S. 108.

19 Ebenda, S. XIX.

20 G. Kafka, Die Vorsokratiker, München 1921 (= Geschichte der Philosophie in Einzeldarstellungen, Abt. 2: Die Philosophen des Abendlandes im Altertum, Bd. 6).

21 Die Vorsokratiker. Fragmente und Quellenberichte, übers. und eingeleitet von W. Capelle, 8. Aufl., Stuttgart 1968. – Beginnend mit den Orphikern und Thales, enthält das Werk die Originalfragmente und die antiken Nachrichten bis hin zu Protagoras und Gorgias.

22 W. Röd, Die Philosophie der Antike. Von Thales bis Demokrit, München 1976.

23 H. Heuser, Als die Götter lachen lernten. Griechische Denker verändern die Welt, München/Zürich 1992. Die Titelwahl ist allerdings zumindest mißverständlich. Heuser, dem sehr viel an der Darstellung der griechischen Aufklärung und der Kritik an den anthropomorphen Göttervorstellungen des Mythos liegt, hätte vielleicht besser formuliert: »Als die Götter das Lachen *ver*lernten«, d.h. rationaleren Formen des Denkens und Vorstellens weichen mußten.

24 Vgl. L. De Creszenzo, a.a.O.

25 Chr.M. Wieland, Geschichte der Abderiten. Mit einem Nachwort von K.H. Bühner, Stuttgart 1975.

26 F. Nietzsche, Die Philosophie im tragischen Zeitalter der Griechen, in: ders., Sämtliche Werke, Bd. 1, hrsg. von G. Colli und M. Montinari, München/Berlin/New York 1980, S. 799-872, hier S. 803.

27 Ebenda, S. 808.

28 Ebenda, S. 809.

29 Vgl. etwa: M. Heidegger, Grundbegriffe der antiken Philosophie, Frankfurt/M. 1993.

30 Vgl. E. Severino, Vom Wesen des Nihilismus, Stuttgart 1983.

31 Parmenides, Fragmente 31 und 36 (DK 28 B 16 und DK 28 B 19).

32 Anaxagoras, Fragment 38 (DK 59 B 12).

33 Platon, Phaidon, 97 b/c.

34 Aristoteles, Metaphysik, A 4, 985 a 18 ff.

35 Platon, Politeia, 507 a.

36 Vgl. ebenda.

37 Aristoteles, Metaphysik A 1, 980 b 29 ff.

38 Ders., Nikomachische Ethik, VI 7, 1141 a 16 ff.

39 F. Nietzsche, a.a.O., S. 813.

40 Ebenda.

41 Ebenda, S. 816 f.

42 »Es war alles voll von Göttern gewesen, wie Thales von Milet gesagt hatte, und es war eine prägnante Erfindung der frühen Geschichtsschreibung der Philosophie, demselben Thales jene erste Prognose einer Sonnenfinsternis für die Bürger von Milet zuzuschreiben. Manche scheinen gerade sagen zu wollen, wir ständen an derselben Schwelle, es sei nun alles voll von Wissenschaft. [...] Das verdient deshalb gesehen zu werden, weil auch mit der Renaissance der phänomenologischen ›Lebenswelt‹ neoromantische Konnotationen mitliefen oder sogar bestimmend wurden. ›Lebenswelt‹ konnte zu einem Programmwort des Überdrusses an einem Zustand werden, den man in Umbildung und Erweiterung des frühesten gesicherten Wortes der Philosophie beschreiben könnte: Es sei alles voll von Theorie und daher Zeit fürs neue Einfache, wie jener Milesier alles aus und auf dem Wasser sein ließ. Höchste Zeit also für Dekomplexion auf ein Weltverhältnis hin, das jeder wieder in Totalität wahrnehmen, erleben und genießen kann, in Unmittelbarkeit.« H. Blumenberg, Lebenszeit und Weltzeit, Frankfurt/M. 1986, S. 54 ff.

43 »Woher die Dinge ihre Entstehung haben, dahin müssen sie auch zugrunde gehen, nach der Nothwendigkeit; denn sie müssen Buße

zahlen und für ihre Ungerechtigkeiten gerichtet werden, gemäß der Ordnung der Zeit.« F. Nietzsche, a.a.O., S. 818.

44 Ebenda, S. 819.

45 »Der Spruch des Anaximander erläutert, das Anwesende in seinem Anwesen denkend, das, was ›to chreōn‹ nennt. [...] Weil das Seiende das Anwesende in der Weise des Je-Weiligen ist, kann es, in die Unverborgenheit angekommen, in ihr weilend, erscheinen. [...] Wir versuchen jetzt, den Spruch des Anaximander zu übersetzen:
› ... entlang dem Brauch; gehören nämlich lassen sie Fug somit auch Ruch eines dem anderen (im Verschwinden) des Un-Fugs‹.
[...] Darum wird der Spruch nie ansprechen, solange wir ihn nur historisch und philologisch erklären. Der Spruch spricht seltsamerweise erst darauf an, daß wir unsere eigenen Ansprüche des gewohnten Vorstellens ablegen, indem wir bedenken, worin die Wirrnis des jetzigen Weltgeschicks besteht.« M. Heidegger, Der Spruch des Anaximander, in: ders., Holzwege, 4. Aufl., Frankfurt/M. 1963, S. 296-343, hier S. 340 ff.

46 Noch einseitiger stellt die marxistische Philosophiegeschichtsschreibung diesen Aspekt heraus: »Der Überblick, die Überwindung des Verbleibens im Kleinen, im Eigenen wird zunächst praktisch erworben durch das Reisen der Kaufleute, die nicht wie die Aristokraten an ihre Scholle gebunden waren. [...] So bestätigt die frühe Geschichte in einer äußerst anschaulichen Weise, daß die Theorie ihre Wurzel in der praktischen Tätigkeit der Menschen hat. Ja, im Grunde kann man das Reisen der Griechen, ebenso wie das Reisen der Europäer zu Beginn der Neuzeit, als erste Theorie oder Schau bezeichnen, die noch nicht ideell, im Kopfe vor sich ging, sondern praktisch, zu Wasser und zu Lande.« G. Redlow, Theoria, Berlin 1966, S. 23.

47 G. Thomson, Die ersten Philosophen, Berlin 1980, S. 248 (Originalausgabe: 3. Aufl., London 1971).

48 W. Nestle, Vom Mythos zum Logos. Die Selbstentfaltung des griechischen Denkens von Homer bis auf die Sophistik und Sokrates, 2. Aufl., Stuttgart 1975, S. 17 ff.

49 Vgl. ebenda, S. 82.

50 Ebenda, S. 3.

51 »Der Logos dagegen, der sich auch schon frühe zu regen beginnt, reift neben ihm [dem Mythos] heran und wächst allmählich dem älteren Bruder über den Kopf.« Ebenda, S. 9.

52 Ebenda, S. 17.
53 Ebenda, S. 21.
54 Vgl. Homer, Ilias, 18. Gesang.
55 W. Schadewaldt, Die Anfänge der Philosophie bei den Griechen. Die Vorsokratiker und ihre Voraussetzungen, Tübinger Vorlesungen, Bd. 1, hrsg. von I. Schudoma, Frankfurt/M. 1987, S. 48 f.
56 Ebenda, S. 67.
57 Erinnert sei in diesem Zusammenhang auch daran, zu welch weitreichenden Konstruktionen die Gestalt des Odysseus in der *Dialektik der Aufklärung* von Horkheimer/Adorno bemüht wird.
58 Hesiod, Theogonie. Werke und Tage, hrsg. von A. von Schirnding, München 1991, S. 9, Verse 26-33.
59 Ebenda, S. 15, Verse 114 f.
60 Vgl. dazu: W. Nestle, a.a.O., S. 106 ff.
61 Hesiod, a.a.O., S. 103, Verse 275 ff.
62 W. Nestle, a.a.O., S. 51.
63 Ebenda, S. 7.
64 Vgl. K. Jaspers, Vom Ursprung und Ziel der Geschichte, 4. Aufl., München 1963, S. 41 ff. Siehe auch: G. Bauer, »Geschichtlichkeit«. Wege und Irrwege eines Begriffs, Berlin 1963.
65 K. Jaspers, Rechenschaft und Ausblick. Reden und Aufsätze, 2. Aufl., München 1958, S. 279.
66 »Die empirischen Tatbestände betrachten wir daraufhin, wie weit sie einer Einheitsidee entsprechen, oder wie weit sie ihr durchaus entgegenstehen.« K. Jaspers, Vom Ursprung und Ziel der Geschichte, a. a. O., S. 18.
67 Ebenda, S. 307 f.
68 Ebenda, S. 41.
69 H. Blumenberg, Das Lachen der Thrakerin. Eine Urgeschichte der Theorie, Frankfurt/M. 1987, S. 75.
70 Ebenda, S. 9.
71 »Wissenschaft in Institutionen, in denen jeder *a limine* den Verhaltenskredit sinnvollen Tuns einräumen muß, auch wenn ihm dessen hochgradige Spezialität unzugänglich ist, hat sich Gehäuse gebildet, die den Zusammenstoß der rituell anmutenden Fremdartigkeit ihrer Verrichtungen mit der Außenwelt [...] verhindern.« Ebenda.
72 Ebenda, S. 16.
73 Ebenda, S. 17.
74 Ebenda, S. 83.

75 Th. Buchheim, Die Vorsokratiker. Ein philosophisches Porträt, München 1994, S. 49.

76 Ebenda, S. 48.

77 Ebenda, S. 14.

78 »Was uns aber nun an jenen alten Einsichten der Vorsokratiker interessieren sollte, sind nicht so sehr die Resultate ihrer Betrachtungen, sondern vielmehr die andere Weise des Denkens, sich in das zu finden und in dem auch wiederzufinden, was seine Welt ihm bedeutet. Dies interessiert uns auch heute, weil wir, bei aller überlegenen Wissenschaft, doch stets auf ein geeigneteres Verhältnis zu dem aus sind, was wir denken müssen. Denn unsere *Stellung des Gedankens* zu dem, was ist, kommt uns nicht ebenso wie unsere Wissenschaft als die bessere vor.« Ebenda, S. 15.

79 »So kommt heraus, daß das Unbegrenzte das Gegenteil von dem ist, als was es ausgegeben wird: denn nicht das ist unbegrenzt, wogegen nichts außen ist, sondern das, von dem immer etwas außen ist, das ist das Unbegrenzte.« Aristoteles, Physik III 6, 206 b 33-207 a 2.

80 »[...] der Konfusion nämlich zwischen einer Gewahrung oder Erkenntnis *von* etwas und dem Zusammensein oder In-Zusammenhang-Stehen *mit* etwas: Wenn die Wahrnehmung *einen* Geschehenszusammenhang bilden muß mit dem, was sie wahrnimmt, dann kann sie nicht zugleich Wahrnehmung *davon* und von nichts anderem sein.« S. Buchheim, a. a. O., S. 28.

81 Vgl. dazu exemplarisch: P. Natorp, Platons Ideenlehre. Eine Einführung in den Idealismus, 4. Aufl., Hamburg 1975.

82 Vgl. dazu meine beiden Arbeiten: Neue Mythologie und Wiederkehr von Religion, in: W. Oelmüller (Hg.), Wiederkehr von Religion? Perspektiven, Argumente, Fragen, Paderborn 1984, S. 25-54; Rationalitätskritik und »Neue Mythologien«, in: Philosophische Rundschau 33 (1986) S. 210-241.

83 G.S. Kirk u. a., a. a. O., S. 78.

84 Ebenda, S. 79.

85 In diesem Sinne heißt es bei G.S. Kirk u. a. (a. a. O., S. 80): »Der Übergang von Mythen zur Philosophie, vom ›mythos‹ zum ›lógos‹, wie man gelegentlich sagt, ist nämlich weitaus radikaler als der Übergang, der in einem schlichten De-Personifizierungs- und De-Mythologisierungsprozeß enthalten ist, welcher entweder als Zurückweisung von Allegorie oder als eine Art Dekodierung verstanden wird, oder gar als ein Übergang, der (wenn der Gedanke nicht völliger

Unsinn ist) in einer geradezu mystischen Wandlung von Denkweisen oder des intellektuellen Prozesses selbst enthalten ist.«

86 Vgl. hierzu meine Arbeit: Philosophie — Mythologie – Wissenschaft, in: O. Bayer (Hg.), Mythos und Religion, Stuttgart 1990, S. 17-29.

87 Zu seinen Lebensdaten s.u. S. 182.

88 Aristoteles, Metaphysik I 3, 983 b 20.

89 G.S. Kirk u.a., a.a.O., S. 179.

90 G. Kafka, a.a.O., S. 14. Kafka fährt fort: »Nun wäre es aber verfehlt, diese Aufstellung eines materiellen Weltgrundes auch schon als ausgesprochenen Materialismus zu betrachten. Das Denken des Thales hängt vielmehr so eng mit der primitiven vorwissenschaftlichen Philosophie oder Mythologie zusammen, daß es auch noch deren hylozoistischen Grundsatz übernommen hat.« Ebenda. Unter »Hylozoismus« (eigtl.: »Stoffbelebung«) versteht man Anschauungen, in denen die Materie, in welcher Weise auch immer, als *beseelt* gedacht wird.

91 In diesem Sinne argumentiert W. Weischedel, Der Gott der Philosophen, 2 Bde., Darmstadt 1973, Bd. 1, S. 40: »Dieses als Ursprung, Urgrund und Abgrund in allem herrscherlich Waltende nun nennen jene frühen Philosophen – wie die alten Gewährsmänner, darunter kein geringerer als Aristoteles, berichten – ›to theíon‹, ›das Göttliche‹ [...]. Damit ist der erste philosophisch-theologische Grenzbegriff gefunden: das Göttliche als das in allem Wirklichen mächtig Waltende. Er erhält bereits in dieser frühen Zeit weitere Bestimmungen, die ihn für lange Zeit festlegen und die weitere Geschichte der Philosophischen Theologie maßgebend bestimmen. Denn in diesem seinen Sein als ›arché‹ ist das ›theíon‹ vom endlich wirklichen charakteristisch unterschieden.«

92 »Seine ethischen Maximen ragen aus den Aussprüchen der halb sagenhaften Sieben Weisen in keiner Hinsicht hervor, und selbst das berühmte ›gnōthi sautón‹, das für Platon den Ausgangspunkt so tiefdringender Untersuchungen bildet, scheint bei Thales lediglich eine populäre Mahnung zur Gewissenserforschung zu bedeuten.« W. Weischedel, a.a.O., S. 13.

93 Dieser Vorbehalt drückt sich unter anderem darin aus, daß die Interpretation nicht zweifelsfrei erweisen kann, ob sich die Lehre vom Unbeschränkten, als Hypothese bzw. Theorie, nicht doch wieder auf ein »wirklich Existierendes« bezieht. Mansfeld schreibt: »Das

Apeiron ist nicht etwas Formelhaftes, sondern ungeachtet aller abstrahierenden Extrapolation etwas Dinghaftes, etwas, das es gibt. Es ist nicht nur ein Begriff, d.h. nicht nur das, was wir von den Dingen verstehen, sondern eben etwas, das es unabhängig von diesem Verstehen auch geben muß.« J. Mansfeld, a.a.O., S.57.

94 Aristoteles, Physik 6, 207 a 19 f.

95 Überliefert in der *Turba Philosophorum*, zitiert nach J. Mansfeld, a.a.O., S.69.

96 Vgl. die Überlegungen Th. Buchheims o. S. 50 f.

97 W. Bröcker, Die Geschichte der Philosophie vor Sokrates, Frankfurt/M. 1965, S.13f.

98 Aristoteles, Physik 4, 203 a 16.

99 G.S. Kirk u.a. versuchen diese Aporie so zu beschreiben: »Für Anaximander war der ursprüngliche Stoff zur Gestaltung der Welt unbestimmt; er glich keiner Art von Sache in der entwickelten Welt. Indes gibt es keinen anderen frühen Gebrauch von ›apeiros‹ in einem mit Sicherheit nicht-räumlichen Sinn, den man hier als Parallele zitieren könnte, und das spricht dafür, die Interpretation ›räumlich unbegrenzt‹ festzuhalten. In jedem Fall war das Fehlen eines positiven Merkmals unverkennbar impliziert.« G.S. Kirk, a.a.O., S.120f.

100 Aristoteles, Physik 4, 203 b 7.

101 Sehr schön formuliert W. Bröcker (a.a.O., S.17): »Der Satz des Anaximander beschreibt also nicht den Ursprung der Welt aus dem Unendlichen und seine damit verwirkte Rückkehr in es, sondern spricht von einer Pendelbewegung zwischen den Gegensätzen, die das Weltgeschehen bestimmen. Nachdem die Welt einmal aus dem Gleichgewicht des Unendlichen (als der Mitte aller Gegensätze) gekommen war, pendelt sie hin und her, und es gibt dabei kein Ende. Nirgends ist die Rede von einer bremsenden Kraft. Es ist auch nirgends gefragt nach der Ursache des ersten Ausschlages des Pendels.«

102 W. Röd (a.a.O., S.41) bemerkt, daß dasjenige, woraus die Seienden entstehen, »nicht als Kennzeichnung des Apeiron aufzufassen ist. Hier sind vielmehr die ursprünglichen quasi-substantialistischen Qualitäten gemeint, deren jede auf Kosten der ihr entgegengesetzten entstehen soll, also das Kalte aus dem Warmen, das Feuer aus dem Wasser und umgekehrt.«

103 G.S. Kirk u.a., a.a.O., S.127.

104 H. Häuser, a. a. O., S. 111.
105 Ebenda, S. 115.
106 Ebenda, S. 108.
107 W. Windelband, Geschichte der antiken Philosophie, 2. Aufl., München 1912, S. 21. Es heißt dort u. a.: »Es ist im Interesse der historischen Klarheit durchaus erforderlich, Pythagoras von den Pythagoreern, die Wirksamkeit des ersteren von der wissenschaftlichen Lehre zu trennen, welche die letzteren aufgestellt haben. Die Forschungen der neueren Zeit haben mehr und mehr dazu geführt. [...] Der Umstand aber, daß der Mythennebel um diese Gestalt sich im Altertum von Jahrhundert zu Jahrhundert verdichtet, nötigt dazu, auf die ältesten und damit kompetentesten Berichte zurückzugehen. Dabei zeigt sich, daß von einer Philosophie des Pythagoras weder dem Platon noch dem Aristoteles etwas bekannt ist, daß vielmehr nur eine Philosophie ›der sog. Pythagoreer‹ von ihnen erwähnt wird. Nirgends wird die ›Zahlenlehre‹ auf den ›Meister‹ selbst zurückgeführt [...].«
108 K. Reinhardt, Parmenides und die Geschichte der griechischen Philosophie, 2. Aufl., Frankfurt/M. 1959, S. 232.
109 G. Duby charakterisiert das mittelalterliche Mönchtum, als gelte es, die Züge der Pythagoreer herauszuarbeiten, wenn er schreibt: »Daher hielt man die Mathematik für die höchste der Geisteswissenschaften, die der göttlichen Natur am nächsten kam. Sie war weder von der Astronomie – der Beobachtung des klarsten Widerscheins göttlicher Vernunft im Sternenhimmel – getrennt noch von der Musik – dem Gebet selbst. Mit dem Lauf der Sterne, mit der Harmonie des Cantus plenus verband die Wissenschaft der Zahlen untrennbar die Architektur.« G. Duby, Europa im Mittelalter, Stuttgart 1986, S. 45.
110 Vgl. hierzu und zum folgenden: Aristoteles, Metaphysik A 5, 985 b 23 ff.
111 Iamblichos, Vita Porph. 63, zit. nach J. Mansfeld, a. a. O., S. 173.
112 E. Rohde, Psyche. Seelencult und Unsterblichkeitsglaube der Griechen, Bd. 2, 2. Aufl., Freiburg/Leipzig/Tübingen 1898, S. 158 ff.
113 E. Rohde fährt fort: »Die Physiologie, die Wissenschaft von der Welt und allen ihren Erscheinungen, konnte niemals zu dem Gedanken einer Lostrennung der Seele von der Natur und ihrem Leben führen. Nicht aus griechischer Wissenschaft, aber auch nicht [...] aus der Fremde hat Pythagoras seine Glaubenssätze von der aus überweltli-

cher Höhe in die irdische Natur gesunkenen, durch viele Leiber ihre Pilgerschaft vollendenden, zuletzt durch Reinigungen und Weihen zu befreienden Seele entlehnt. [...] Seine Seelenlehre dagegen gibt in ihren wesentlichen Zügen nur die Phantasmen alter volksthümlicher Psychologie wieder.« Ebenda, S. 166f. – Daß diese Vorstellungen unausrottbar sind, zeigen Gnosis, Gnostizismus und moderner Aberglaube in gleicher Weise.

114 Diogenes Laertios IX 6.

115 So Cicero in: De finibus II 5, 15.

116 G.S. Kirk u.a., a.a.O., S. 205f.

117 Ebenda.

118 Ebenda, S. 203f.

119 »Die Einheit ist keine bloß formale oder statische, sondern wird als real gegebene, in ununterbrochener Aktivität befindliche, alles verwaltende und bestimmende Instanz und oberstes, allgegenwärtiges Prinzip vorgestellt. Alles, was es gibt, ist einer kontinuierlichen Wandlung unterworfen: die Dinge entstehen, verändern sich und vergehen wieder.« J. Mansfeld, a.a.O., S. 233.

120 K. Deichgräber, Rhythmische Elemente im Logos des Heraklit, Wiesbaden 1963, S. 57f.

121 »An die Stelle des Weltgesetzes tritt in eigener Person der Mann, der in der Schrift selbst spricht. Das Allgemeine verbindet sich nur mit dem Einen, entsprechend herakliteischer Denkform, mit *einer* Person, dann aber mit einem Ich, das nichts Privates (›idion‹) ist, sondern das Allgemeine trägt, den Logos.« Ebenda.

122 Verhält es sich wirklich so, wenn der Logos doch letzte Einheit der Gegensätze ist und diese als im Logos gründend »irgendwie« als von diesem »gewollt« verstanden werden müssen?

123 Th. Buchheim, a.a.O., S. 84.

124 G. Kafka (a.a.O., S. 45) hat dies prägnant herausgearbeitet, wenn er schreibt: »Zweifellos bedeutet also bei Heraklit, trotzdem sein Begriff der Maßeinheit nicht mehr wie bei den Pythagoreern das quantitative Element in den Vordergrund rückt, der ›Logos‹ in erster Linie die ewige Weltordnung, der alles Geschehen gehorcht, und, sofern alle Ordnung eine zwecktätige Vernunft vorauszusetzen scheint, das unverrückbare Vernunftgesetz des Weltalls. Allerdings ist Heraklit nicht imstande, den Begriff des Gesetzes in dieser abstrakten Fassung zu bewahren. Das Vernunftgesetz verkörpert sich ihm zu einem gesetzgebenden Vernunftwesen und die Weltord-

nung wird zur Maßbestimmung eines einheitlichen Urstoffes in seinen Verwandlungsstufen.«

125 K. Held, Heraklit, Parmenides und der Anfang von Philosophie und Wissenschaft. Eine phänomenologische Besinnung, Berlin/New York 1980, S. 277 ff.

126 Dazu K. Held (ebenda, S. 281): »Es ist hier an die Sprüche über das lebensverfallene und todesvergessene Verhalten der Vielen zu erinnern, aus denen hervorging, daß für Heraklit das Leben als Verlauf zwischen Geburt und Tod diese nicht bloß zu seinen zeitlichen Grenzen hat, sondern in jeder dieser Phasen gebürtig und sterblich ist. An diesen beiden Grundweisen des Lebens ist bei Heraklit zunächst zu denken, wenn er von ›lebend‹ und ›tot‹ spricht. Entsprechend bezeichnen Wachen und Schlafen, Jugend und Alter nicht nur die bestimmten Lebensphasen, an die wir bei diesen Wörtern denken [...]. ›Wachend‹ und ›jung‹ kennzeichnen das Leben qua ›Geborenwerden‹ als ein Erwachen, Sich-Erneuern und ›schlafend‹, ›alt‹ entsprechend das Leben qua ›Absterben‹ als Müdewerden und Altern. Alle drei Gegensatzpaare variieren den Grundgegensatz des Erneuernd-sich-Öffnens und des Absterbend-sich-Verschließens.«

127 Th. Buchheim, a. a. O., S. 85.

128 K. Reinhardt, a. a. O., S. 67.

129 Ebenda, S. 256.

130 W. Jaeger, Die Theologie der frühen griechischen Denker, Stuttgart 1953, S. 127 und 125.

131 S. u. 102 ff.

132 K. Reinhardt, S. 256.

133 Gegen Parmenides sagt Gorgias in einem nicht erhaltenen Werk, daß nichts sei; wenn aber etwas wäre, könnte es nicht erkannt werden, und könnte es erkannt werden, dann ließe es sich – gerade auf dem Hintergrund der Identität von Erkennen und Sein – nicht mitteilen.

134 G. Kafka, a. a. O., S. 70 f.

135 Im Sinne der letzteren Vermutung schreibt W. Bröcker (a. a. O., S. 65 f.): »Aber wenn Parmenides nicht wahnsinnig war, konnte er nicht wirklich für wahr halten, was er bewiesen hat, und er mußte für wahr halten, was er widerlegt hat. Vielleicht ist das der Grund dafür [...], daß er nun in seinem Agon mit der Meinung der Sterblichen noch zu einem zweiten Anlauf startete, bei welchem er der herrschenden Meinung eine Vorgabe gibt. Indem er ihr Konzessio-

nen macht im Widerspruch zu dem bislang Bewiesenen, gibt er im folgenden die Existenz von Vielheit und Bewegung zu.«

136 Vgl. hierzu den Schluß von DK 28 B 8.

137 Vgl. hierzu meine Arbeit: Die Theodizee. Diskurs, Dokumentation, Transformation, Stuttgart 1992.

138 A. Dihle, Aufklärung in der Antike? in: E. Rudolph (Hg.), Die Vernunft und ihr Gott. Studien zum Streit zwischen Religion und Aufklärung, Stuttgart 1992, S. 13-32, hier S. 23. Dihle fährt fort: »Hier war der Phantasie, aber auch der Kritik ein weiter Spielraum gesetzt, ohne daß es zu intoleranten Reaktionen der Kultgenossen gekommen wäre. Man denke nur an Xenophanes' schneidende Kritik an der allgemeinen Vorstellung von der Menschengestalt der Götter und an den Erzählungen von ihrem unmoralischen Verhalten [DK B 11]. Gerade dem im 6. Jahrhundert wachsenden, der älteren Zeit ganz fremden Bedürfnis, in den Göttern Garanten des zwischenmenschlichen Wohlverhaltens zu sehen und von ihnen deshalb Exempel sittlichen Handelns zu erwarten, ließ sich deshalb ohne Bruch in der religiösen Praxis Rechnung tragen. Die Kritik an Göttermythen vertrug sich durchaus mit der kultischen Kontinuität, auf die letztlich alles ankam.« (Ebenda, S. 23 f.).

139 H. Heuser, a. a. O., S. 146 f.

140 Selbst wenn man das Jahr der Geburt als sicher annimmt, »macht sein hohes Alter [...] es unmöglich, die von ihm erhaltene Dichtung einer eng umgrenzten Epoche zuzuordnen. Er bezog sich auf Pythagoras und Simonides [DK 21 B 21] ebenso wie auf Thales und Epimenides [...]. Parmenides galt später als sein Schüler. All dies ist ganz gut möglich, wenn er von etwa 570 bis 475 v. Chr. lebte.« G.S. Kirk u. a., a. a. O., S. 179.

141 G. Kafka, a. a. O., S. 64.

142 W. Bröcker, a. a. O., S. 23 f.

143 J. Mansfeld, a. a. O., S. 208.

144 Ebenda.

145 Vgl. O. Gigon, Der Ursprung der griechischen Philosophie, 2. Aufl., Basel/Stuttgart 1968, S. 181.

146 Epikur, Von der Überwindung der Furcht, eingeleitet und übers. von O. Gigon, Zürich 1949, S. 80 (»Fragmente über die Götter«).

147 Vgl. hierzu: W. Bröcker, a. a. O., S. 82 ff. Nach Bröcker ist Xenophanes II »Ekklektiker. Er vereinigt Elemente der Theologie von Xenophanes I mit parmenideischer Ontologie und zenonischer Dialektik.

Als Philosoph ist er Dilettant, aber das ist [...] Xenophanes I auch. Xenophanes II verhält sich zum Eleatismus genau so dilettantisch wie Xenophanes I zu der voreleatischen Philosophie«. Ebenda, S. 84.

148 Aristoteles, De Xenophane, de Zenone, de Gorgia, 974 a 3 ff. und 15 ff.

149 Ebenda, 977 b 1 ff.

150 Vgl. hierzu und zum folgenden: R. Schaeffler, Religion und kritisches Bewußtsein, Freiburg/München 1973, S. 366 ff.

151 W. Jaeger, a. a. O., S. 17.

152 Vgl. DK 28 B 8 sowie DK 28 B 1: » [...] seit sie, führend uns auf den kundevollen Weg der Göttin gebracht haben, der den wissenden Mann [...] trägt.

153 Vgl. etwa: DK 22 B 79/B 82/ B 83.

154 Vgl. dazu: C.-F. Geyer, Jenseitsvorstellungen bei Platon, in: ZRGG 36 (1984), S. 101-114.

155 Übersetzung nach G.S. Kirk u. a., a. a. O., S. 436.

156 Vgl. E. Severino, a. a. O.

157 Ebenda, S. 11 f.

158 Ebenda, S. 47.

159 Ebenda, S. 39 f.

160 Ebenda, S. 45.

161 Ebenda, S. 194 f.

162 Ebenda, S. 156 f. und 188 f.

163 Wie wir sahen, unterscheidet auch Severino zwischen Sein und Erscheinungen, verweist das Denken jedoch ontologistisch auf das Sein, um damit die Aporien zu verewigen, die bei Parmenides und Melissos begegnen.

164 Vgl. I. Kant, Kritik der reinen Vernunft, Transzendentale Dialektik, Erste Antinomie, B 454-461, in: ders., Werke, Bd. 2, hrsg. von W. Weischedel, Wiesbaden 1956, S. 412-419.

165 Vgl. J. Mansfeld, a. a. O., S. 337.

166 Vgl. W.H. Pleger, a. a. O., S. 114.

167 Der neuzeitliche Transzendentalismus wiederholt in der Dichotomie von Genese und Geltung auf seine Weise diese Problematik.

168 Aus dem zuletzt genannten Umstand schließen G.S. Kirk u. a. (a. a. O., S. 308): »Von allen Vorsokratikern hat Zenon heute das meiste Leben in sich.«

169 Vgl. Platon, Sophistes, 242 C.

170 Nach der Übersetzung von W. Capelle, a. a. O.

171 Kongenial hat Hölderlin dieses Weltverständnis nachempfunden, wenn er seinen *Hyperion* mit den Worten enden läßt: »O Seele! Seele! Schönheit der Welt! du unzerstörbare! du entzückende! mit deiner ewigen Jugend! du bist; was ist denn der Tod und alles Wehe der Menschen? – Ach! viel der leeren Worte haben die Wunderlichen gemacht. Geschiehet doch alles aus Lust, und endet doch alles mit Frieden. Wie der Zwist der Liebenden sind die Dissonanzen der Welt. Versöhnung ist mitten im Streit und alles Getrennte findet sich wieder. Es scheiden und kehren im Herzen die Adern und einiges, ewiges glühendes Leben ist alles.«

172 Nach der Übersetzung von G.S. Kirk u. a., a. a. O., S. 375.

173 Vgl. dazu Empedokles, Fragment 8.

174 Vgl. Aristoteles, Metaphysik 2, 975 b 1.

175 Vgl. dazu: W. Capelle, Anaxagoras, in: Neue Jahrbücher für das klassische Altertum, Geschichte und deutsche Literatur 44, 1919, S. 81-102 und 169-198.

176 »Über seinen Prozeß liegen verschiedene Berichte vor. Sotion sagt in seiner *Aufeinanderfolge der Philosophen*, daß er von Kleon wegen Gotteslästerung angeklagt wurde, weil er behauptete, die Sonne sei ein glühender Steinklumpen [...].« (DK 59 A 1) Hippolytos überliefert (DK 59 A 42): »Die Sonne übertreffe den Peloponnes an Ausdehnung. Der Mond habe kein eigenes Licht, sondern erhalte es von der Sonne. Die Umdrehung der Gestirne folge unter der Erde hindurch. [...] Dieser Mann hat als erster die Lehre der Verfinsterungen und Beleuchtungen genau bestimmt. Er sagte, der Mond sei aus Erde und habe Täler und Schluchten [...].«

177 Vgl. Aristoteles, Physik Θ 5, 256 b 24 f.

178 Vgl. DK 59 A 100: »Jeder Geist ist gleichartig, der größere und der kleinere.«

179 Vgl. dazu o. S. 92.

180 Platon, Phaidon, 98b/c.

181 Es präfiguriert etwas von den »zwei Kulturen«, von denen Snow in unseren Tagen gesprochen hat (P. Snow, Die zwei Kulturen, Stuttgart 1967).

182 Simplikios, in: Phys. 177, 9 ff, Diels.

183 Auch Epikur verspottete die Vorstellung, der »nous«, der hier im Sinne eines Göttlichen verstanden wird, habe die Welt geordnet, denn »aus welchem Grunde hätte Gott plötzlich das Verlangen

haben sollen, wie ein Ädil die Welt mit Bildern und Lichtern auszuschmücken? Wenn sich Gott damit selbst eine schöne Wohnung schaffen wollte, dann hatte er vorher offenbar während einer unbegrenzten Zeit in der Finsternis wie in einem Keller gewohnt.« Epikur, Von der Überwindung der Furcht, hrsg. von O. Gigon, München 1983, S. 127, Fragment 47.

184 »Der Begriff des ›télos‹ (eine allen Dingen immanente Zielgerichtetheit) selbst gehört zwar erst der Sokratik an, aber das, was sie in allem sucht, das Gute, Sinnhafte und Vollkommene, ist in Anaxagoras' Prinzip der ›diakósmesis‹ [›Durchordnung‹] und dem in ihr liegenden Ordnungsbegriff virtuell bereits enthalten.« W. Jaeger, a. a. O., S. 188.

185 Gemeint ist das von Diogenes Laertios (DK 60 A 1) überlieferte Diktum: »Vom Gerechten und vom Schlechten erklärte er, daß es nicht von Natur aus existiere, sondern aufgrund menschlicher Satzung« – eine durchaus sophistische Prämisse!

186 Hier müßte es wohl heißen: »seines mutmaßlichen Lehrers«.

187 G. Kafka, a. a. O., S. 123.

188 Zit. nach: W. Nestle, Die Vorsokratiker, 4. Aufl., Düsseldorf/Köln 1956, S. 148 f.

189 Ebenda, S. 150.

190 G. Kafka (a. a. O., S. 126) bemerkt: »Es scheint also nur eine doppelte Möglichkeit übrigzubleiben: entweder hat Demokrit das atomistische System als ein abgeschlossenes Ganzes von seinem Lehrer Leukipp übernommen, – in diesem Fall gebührt ihm unter keinen Umständen der Ruhm eines selbständigen Denkers und es bleibt von diesem Standpunkt aus im Grunde gleich, ob man ihn als den ›beredtesten Apostel‹ oder als einen jeder Originalität baren Plagiator der Lehren des Leukipp betrachtet. Oder aber Demokrit hat begründeten Anspruch auf die hohe Achtung, die ihm das gesamte Altertum von Aristoteles an entgegenbrachte, – dann kann der Mangel aller biographischen Daten über das Leben des Leukipp nur darauf beruhen, daß eine historische Persönlichkeit dieses Namens überhaupt nicht existierte, eine Folgerung, die uns durch eine gelegentliche Bemerkung Epikurs ausdrücklich bestätigt wurde.«

191 J. Mansfeld, a. a. O., S. 557.

192 »Tapfer ist nicht nur, wer stärker ist als seine Feinde, sondern auch, wer stärker ist als seine Lüste. Es gibt Leute, die über Städte herrschen und Sklaven von Weibern sind.« (DK 68 B 214)

»Wer in guter Laune leben will, darf sich nicht besonders bemühen, weder im Privatleben noch im öffentlichen Leben, und bei dem, was er jeweils treibt, darf er sein Ziel nicht höher ansetzen, als eigene Kompetenz und Natur es erlauben.« (DK 68 B 3)

»Ein Leben ohne Festlichkeiten ist ein langer Weg ohne Herbergen.« (DK 68 B 230)

»Das Leben in fremden Ländern lehrt Genügsamkeit; denn Gerstenbrot und Strohlager sind die süßesten Heilmittel gegen Hunger und Erschöpfung.« (DK 68 B 247)

»Ihres Vaters Selbstbeherrschung ist für die Kinder der beste Ansporn.« (DK 68 B 208)

»Das Weib ist viel rascher zu bösen Gedanken bereit als der Mann.« (DK 68 B 273)

193 W. Röd, a. a. O., S. 197.

194 Vgl. ebenda.

195 Ebenda, S. 199.

196 G.S. Kirk, a. a. O., S. 472.

197 Vgl. Aristoteles, Metaphysik A 3, 984 b 15 f.

198 Vgl. hierzu meine Arbeit: Die Theodizee, a. a. O., zur Antike bes. S. 48 ff.

199 Vgl. dazu den Band: G. Kaiser/D. Matejovski/J. Fedrowitz (Hg.), Kultur und Technik im 21. Jahrhundert, Frankfurt/M./New York 1993 (mit einem Vorwort von Ministerpräsident J. Rau).

200 R. Musil, Der Mann ohne Eigenschaften, 3. Aufl., Hamburg 1974, S. 253.

201 Vgl. dazu: J. Schlüter, Heidegger und Parmenides. Ein Beitrag zu Heideggers Parmenidesauslegung und zur Vorsokratiker-Forschung, Bonn 1979.

202 M. Theunissen, Negative Theologie der Zeit, Frankfurt/M. 1991, S. 27.

203 Vgl. dazu beispielsweise: M. Scheler, Die Wissensformen und die Gesellschaft, 2. Aufl., München 1960 (1. Aufl. 1926).

204 H. Schnädelbach, Die Philosophie und die Wissenschaften vom Menschen, in: C. Bellut/K. Müller-Schöll (Hg.), Mensch und Moderne. Beiträge zur philosophischen Anthropologie und Gesellschaftskritik, Würzburg 1989, S. 19-39, hier S. 32.

205 Ebenda, S. 33.

206 Ebenda.

207 Vgl. etwa: M. Weber, Gesammelte Aufsätze zur Wissenschaftslehre, hrsg. von J. Winckelmann, 4. Aufl., Tübingen 1973, S. 286 ff.

208 Überliefert bei Diogenes Laertios, IV 18.
209 Epiktet, Diatriben III 21, 46.
210 Vgl. M. Horkheimer/Th.W. Adorno, Dialektik der Aufklärung, a. a. O., S. 50-87.

Literaturhinweise

1. Ausgaben und Übersetzungen

Zu den einschlägigen Ausgaben und Übersetzungen siehe Kapitel 2: Textgestalt und -überlieferung, Literatur.

2. Sekundärliteratur

H. Blumenberg, Das Lachen der Thrakerin. Eine Urgeschichte der Theorie, Frankfurt/M. 1987.

W. Bröcker, Die Geschichte der Philosophie vor Sokrates, Frankfurt/M. 1965.

K.J. Boudouris (Hg.), Ionian Philosophy, Athen 1989.

Th. Buchheim, Die Vorsokratiker. Ein philosophisches Porträt, München 1994.

W. Burkert, Weisheit und Wissenschaft. Studien zu Pythagoras, Philolaos und Platon, Nürnberg 1962.

W. Capelle, Anaxagoras, in: Neue Jahrbücher für das klass. Altertum, Geschichte und deutsche Literatur 44 (1919), S. 81-102 und 169-198.

Ders. (Hg.), Die Vorsokratiker, 4. Aufl., Hamburg 1953, repr. Nachdruck: Stuttgart 1968.

G. Colli, Die Geburt der Philosophie, Frankfurt/M. 1981.

L. De Crescenzo, Geschichte der griechischen Philosophie. Die Vorsokratiker, übers. von L. Birk, Zürich 1985.

K. Deichgräber, Rhythmische Elemente im Logos des Heraklit, Wiesbaden 1963.

A. Dihle, Aufklärung in der Antike?, in: E. Rudolph (Hg.), Die Vernunft und ihr Gott. Studien zum Streit zwischen Religion und Aufklärung, Stuttgart 1992, S. 13-32.

D.J. Furley, Two Studies in the Greek Atomists, Princeton 1967.

C.-F. Geyer, Einführung in die Philosophie der Antike, 4. Aufl., Darmstadt 1996.

W. Guthrie, Die griechischen Philosophen von Thales bis Aristoteles, Göttingen 1950.

T. Hammer, Einheit und Vielheit bei Heraklit von Ephesus, Würzburg 1991.

K. Held, Heraklit, Parmenides und der Anfang von Philosophie und Wissenschaft. Eine phänomenologische Besinnung, Berlin/New York 1980.

H. Heuser, Als die Götter lachen lernten. Griechische Denker verändern die Welt, München/Zürich 1992.

U. Hölscher, Anfängliches Fragen. Studien zur frühen griechischen Philosophie, Göttingen 1968.

E. Hussey, The Presocratics, London 1972.

W. Jaeger, Die Theologie der frühen griechischen Denker, Stuttgart 1953.

H. Kahn, Anaximander and the Origins of Greek Cosmology, New York 1960.

G. Kafka, Die Vorsokratiker, München 1921.

G.S. Kirk/J.E. Raven/M. Schofield, Die vorsokratischen Philosophen. Einführung, Texte und Kommentare, übers. von K. Hüser, Stuttgart/Weimar 1994 (Originalausgabe: 2. Aufl., Cambridge 1983).

W. Kranz, Vorsokratisches Denken. Auswahl aus dem Überlieferten. Texte im griechischen Original und deutscher Übersetzung, Berlin/Frankfurt/M. 1949.

J. Mansfeld, Die Offenbarung des Parmenides und die menschliche Welt, Assen 1964.

Ders., Die Vorsokratiker, Stuttgart 1987.

W. Nestle, Die Vorsokratiker, 4. Aufl., Stuttgart 1956.

Ders., Vom Mythos zum Logos. Die Selbstentfaltung des griechischen Denkens von Homer bis auf die Sophistik und Sokrates, 2. Aufl., Stuttgart 1975.

J.A. Philip, Pythagoras and early Pythagoreanism, Toronto 1966.

W.H. Pleger, Die Vorsokratiker, Stuttgart 1991.

R. Ranke-Graves, Griechische Mythologie, Reinbek 1994.

K. Reinhardt, Parmenides und die Geschichte der griechischen Philosophie, 2. Aufl., Frankfurt/M. 1959.

F. Ricken, Philosophie der Antike. Grundkurs Philosophie 6, Stuttgart/Berlin/Köln/Mainz 1988.

L. Robin, La pensée grecque et les origines de l'esprit scientifique, Paris 1963.

W. Röd, Die Philosophie der Antike I. Von Thales bis Demokrit, München 1976.

E. Rohde, Psyche. Seelencult und Unsterblichkeitsglaube der Griechen, 2 Bde., 2. Aufl., Freiburg/Leipzig/Tübingen 1898, repr. Nachdruck: Darmstadt 1974.

W.C. Salmon (Hg.), Zeno's Paradoxes, Indianapolis 1970.

J. Schlüter, Heidegger und Parmenides. Ein Beitrag zu Heideggers Parmenidesauslegung und zur Vorsokratiker-Forschung, Bonn 1979.

J. Schmidt, Sophokles. König Ödipus. Das Scheitern des Aufklärers an der alten Religion, in: ders., Aufklärung und Gegenaufklärung in der europäischen Literatur, Philosophie und Politik von der Antike bis zur Gegenwart, Darmstadt 1989, S. 33-55.

M. Schofield, An Essay on Anaxagoras, Cambridge 1980.

M.C. Stokes, One and Many in the Presocratic Philosophy, Washington 1971.

J.-P. Vernant (Hg.), Der Mensch der griechischen Antike, Frankfurt/M./ New York/Paris 1993.

K. Vorländer, Philosophie des Altertums, 10. Aufl., Reinbek 1976.

Zeittafel

	Die Ionische Schule
ca. 625-585 v. Chr.	Thales von Milet
ca. 610-545 v. Chr.	Anaximander
gest. 525 v. Chr.	Anaximenes
ca. 540-480 v. Chr.	Heraklit von Ephesos
	Die Pythagoreer
ca. 570-500 v. Chr.	Pythagoras von Samos
gegen Ende des 5. Jh.	Philolaos
zu Beginn des 4. Jh.	Archytas von Tarent
	Die Eleaten
570-475 v. Chr.	Xenophanes von Kolophon
um 500 v. Chr.	Parmenides von Elea
um 460 v. Chr.	Zenon von Elea
zu Beginn des 5. Jh.	Melissos von Samos
um 440 v. Chr.	Empedokles
500-430 v. Chr.	Anaxagoras
	Anhänger des Anaxagoras
um 450 v. Chr.	Archelaos von Athen
um 435 v. Chr.	Diogenes von Apollonia
	Die Atomisten
ca. 450 v. Chr.	Leukipp von Abdera
ca. 460-360 v. Chr.	Demokrit von Abdera

Carl-Friedrich Geyer, geb. 1949, Studium der Philosophie, Theologie, Geschichte, Soziologie und Pädagogik in Köln und Münster/Westf., Dr. phil. habil., apl. Prof. für Philosophie an der Ruhr-Universität Bochum und Dozent für Philosophie am Institut für das Studium fundamentale der Privaten Universität Witten-Herdecke. Wichtigste Veröffentlichungen: Einführung in die Philosophie der Antike (1978; 4. Aufl. 1996), Aporien des Metaphysik- und Geschichtsbegriffs der Kritischen Theorie (1980), Kritische Theorie (1982; spanische Ausgabe 1985), Leid und Böses in philosophischen Deutungen (1983), Religion und Diskurs (1990), Lotario de Segni, De miseria conditionis humanae (1990), Die Theodizee. Diskurs, Dokumentation, Transformation (1992), Einführung in die Philosophie der Kultur (1994). Daneben zahlreiche Veröffentlichungen in philosophischen und theologischen Fachzeitschriften sowie in Sammelwerken und Lexika.

In der Reihe
»Grosse Denker - Eine Einführung«
sind lieferbar:

Ernst Bloch
von Detlef Horster
3-926642-52-1

Giordano Bruno
von Anne Eusterschulte
3-926642-53-X

Europäische Mystik
von Gerhard Wehr
3-926642-54-8

Gnosis
von Julia Iwersen
3-926642-55-6

Jesus
von Peter Antes
3-926642-56-4

Lao-Tzu
von Florian C. Reiter
3-926642-57-2

In der Reihe
»Grosse Denker - Eine Einführung«
sind lieferbar:

Die Sophisten
von Bernhard H.F. Taureck
3-926642-64-5

Die Vorsokratiker
von Carl-Friedrich Geyer
3-926642-65-3

Simone Weil
von Heinz Abosch
3-926642-66-1

Carl Friedrich von Weizsäcker
von Michael Drieschner
3-926642-67-X

Erich Fromm
von Helmut Wehr
3-926642-68-8

Hans Jonas
von Franz Josef Wetz
3-926642-69-6

In der Reihe
»MEISTERDENKER«
sind lieferbar:

Stephen W. Hawking
"Die Kosmonologie des 21. Jahrhunderts"
von Klaus Mainzer
3-926642-29-7

Jean-Paul Sartre
"Konzeption der Freiheit"
von Susanne Möbuß
3-926642-30-0

Soeren Kierkegaard
"Denker der Moderne"
von Patrick Gardiner
3-926642-31-9

C. G. Jung
"Das ganze Potential menschlicher Existenz"
von Anthony Stevens
3-926642-32-7

In der Reihe
»MEISTERDENKER«
sind lieferbar:

Arthur Schopenhauer
"Die Welt als Will und Vorstellung"
von Margot Fleischer
3-926642-33-5

Siegmund Freud
"Die Freudsche Psychoanalyse
und ihr Einfluss auf das 20. Jh."
von Anthony Storr
3-926642-34-3

Albert Einstein
"Eine Formel verändert die Welt"
von Klaus Fischer
3-926642-35-1

Thomas von Aquin
"Antike und Christenum"
von Anthony Kenny
3-926642-36-X

In der Reihe
»MEISTERDENKER«
sind lieferbar:

Martin Luther
"Der leidenschaftliche Reformator"
von Ernstpeter Maurer
3-926642-37-8

Galileo Galilei
"Revolutionär und Ketzer"
von Stillman Drake
3-926642-38-6

Sokrates
"Erkenne dich selbst!"
von C.C.W. Taylor
3-926642-39-4

René Descartes
"Ich denke, also bin ich!"
von Tom Sorell
3-926642-40-8

In der Reihe
»MEISTERDENKER«
sind lieferbar:

Friedrich Nietzsche
"Verwechselt mich vor Allem nicht!"
von Michael Tanner
3-926642-45-9

Martin Heidegger
"Sein und Zeit"
von Michael Inwood
3-926642-46-7

Ludwig Wittgenstein
"Wovon man nicht sprechen kann, darüber muss man schweigen!"
von A.C. Grayling
3-926642-47-5

Karl Marx
"Vordenker moderner Revolution"
von Iring Fetscher
3-926642-48-3